裁判の原点

社会を動かす法学入門

大屋雄裕

河出ブックス

序文　裁判は正義の実現手段ではない

というのはやや挑発的に過ぎる表現であり、より正確には「裁判は必ずしも正義の実現手段ではない」とか「実現手段だけのものではない」と言うべきではあろう。ただ、こういった表現によって意図しているのは、何らかの客観的な正義とか真理とか真実といったものがあり、裁判はそれを明らかにすることによって正しい社会のあり方を実現するためのもの、そうであるのが当然のものだという見方は適切ではないし、民主政のもとでの国家・政府の性質について多くの要素を見逃しているということである。

もちろん私は、多くの裁判官が良心的に職務を担っており、彼が信じる正義の実現に可能な場合には取り組んでいることを否定するつもりはない。だが重要なのはその可能性であり、その範囲がさまざまな制度によって仕切られているということなのである。裁判官は、あるいは彼らが集団として機能している裁判所とは、自らの信じる「正しさ」を無条件・無制約に実現することが認められたような存在、映画のヒーローのようなものではない。

このことはおそらく、当の裁判官たちを含む法律家や、一定以上の法学教育を受けた人間にとってはほぼ自明のことだろう。だが一般的には、本当のこと・正しいことがあれば裁判を通じてそれが勝利を収めるのが当然のことだという信念は、まだ強いように思われる。「まだ最高裁があるんだ！」と叫ぶ映画『真昼の暗黒』（今井正監督、一九五六）のラストシーンのように。

自分は本当の事実を知っている、裁判になれば正義が勝つのだから自分が勝つのが当然なのであって、訴訟戦略を練るとか証拠を確認するとか主張内容を検討するとか必要であれば和解を目指して相手方との条件闘争に入るといった小細工は必要ないのだと力説する依頼人に苦しめられる弁護士というのも、実際に多いようだ。そのような信念を持ちながらではあれ最初から相談に来てくればともかく、実際の裁判が自分の考えたようには進まないという現実に直面して（たとえば）一審で敗訴判決を受けた段階になってから来られても手の打ちようがなくなっている……などという話も漏れ聞く。このような悲劇の背景にあるのは裁判という社会制度に対する誤った、そして過度の期待であるし、それを放置することは無駄な幻滅を抱く人・それによって現実の裁判に対する過度の反感や不審を抱く人を増やすだけの結果に終わるだろう。それは最終的には、裁判への社会的信頼を損なうことになりかねないと思われる。

本書では、裁判という制度をその現実の姿において描き出すこと、立法・行政のような他の国家機能との関係でそれがどのような特徴と権限を与えられており、どのような制約の下にあるかを位置付けることによって、たとえば**社会を動かすためにあり得る選択肢の一つとして何をそこに期待**

すべきなのかという議論を試みたい。それは同時に、裁判が本来そのようなものであることを予定されている姿、いわば裁判の原点を確認することにもなるだろう。あるいはそれによって、「木に縁《よ》りて魚を求む」状態にあるかに思えるいくつかの社会運動・市民運動（と称するもの）の再検討が促されることになるのかもしれない。

ありがちな誤解を通じて実際の姿を記述するという狙いを踏まえて、本文では対話形式を採用した。大学のゼミのようなシーンを想定したつもりだが、すべての発言者・発言内容は架空のものである。

本書の一部として、αSYNODOS（https://synodos.jp/a-synodos）に掲載された以下の原稿を利用した。なお内容・表現はその際に大きく改めてある。

「民主政と銀の弾丸」（二〇一二年一一月）
「定数配分訴訟と「選良」の限界」（二〇一三年三月）
「立憲主義という謎めいた思考」（二〇一五年一二月）

本書の内容となった研究にあたっては、ＪＳＰＳ科研費（JP19730002・JP23530009・JP26380006）の助成を受けた。

本書の編集は、河出書房新社の朝田明子さんに担当していただいた。日々の用務にかまけがちな状況で（筆者としては）短期間で執筆を終えることができたのは、ひとえに朝田さんの努力の成果と考えてよい。また、内容・構成のチェックにあたり、瑞慶山広大さん（慶應義塾大学大学院法学研究科）の手を煩わせた。本書の記述が、筆者の悪癖である大ざっぱさを幾分でも免れ得ているとすれば、それは主として瑞慶山さんの貢献によるものである。もとより、内容表現に関する一切の責は筆者に帰する。ありがとうございました。

目次

第2章　日本の裁判所は消極的ではない

第5章 国会はピラミッドではない

第6章 裁判は手段であって目的ではない

第１章　裁判は政策を問う手段ではない――違憲立法審査権と権利侵害

《この章で扱うこと》
・裁判は、権利義務関係を争うためのものである
・具体的な利益がない訴えは、正面から判断されない
・裁判の内容は、原告の訴えの範囲に規定される

1　集団的自衛権をめぐる訴訟

――これまでの憲法解釈では認められないと言われてきた集団的自衛権について、安倍内閣は二〇一四年七月一日の閣議決定で解釈を変更し、その一部を容認することにしました。これによって日本を直接対象にするものではなく「我が国と密接な関係にある他国に対する武力攻撃」であっても、それが日本自体の存立に関わるような一定の場合には武力行使が行なえるようになったというのが、政府側の見解です。

しかしこの点については多くの批判があり、憲法違反だとの訴訟が次々と起こされています。「安保法制違憲訴訟の会」がとりまとめているデータによれば、二〇一七年九月二一日時点では全国で二四の裁判が提起されており、原告の総数は七千人を超えているそうです。さらに今後も続けて訴訟を起こす動きがあるとのことですが、どのような展開になるのでしょうか。

負けますね。

――原告側が勝てないという意味ですよね。集団的自衛権の違憲性に関する主張は間違っているということなのでしょうか。

いえそうではなく、そもそもまともな訴訟になっていないからです。もちろん形式的には弁護団が一定の形式を整えていますが、実質的な訴訟になっていないので主張それ自体の当否の判断に入ることなくあしらわれる結果に終わるだろうと予測できます。いわゆる門前払いですね。

――自衛隊や防衛政策をめぐる訴訟では、原告側が判断を求めたい問題に裁判所が正面から答えない例が、どうも多いようです。古くは「長沼ナイキ事件」（一九六九）や「百里基地訴訟」（一九五八）がそのような肩すかしでしたし、最近では多少分野が違いますが、特定秘密保護法（平成二五年法律一〇八号）の違憲性を主張した訴訟も期待外れに終わったと聞きました。どうしてこのようなことになってしまうのでしょうか。

＊長沼ナイキ事件　北海道夕張郡長沼町にナイキミサイル基地の建設が計画され、当時の農林大臣が国有保安林の指定を解除して伐採を認めたのに対し、地元住民が自衛隊の違憲などを理由として指定解除の取消しを求めた事件。

＊百里基地訴訟　一九五〇年代後半、茨城県東茨城郡小川町に航空自衛隊の基地建設計画が浮上した。該当する土地の所有者が基地反対派に売却した土地について、代金不払い等により契約を解除し、当時の防衛庁に改めて売却したことから生じた訴訟。

＊特定秘密保護法の違憲性を主張した訴訟　二〇一三年一二月に成立した特定秘密保護法に対して、二〇一四年以降、表現や報道の自由侵害を理由に、各地で訴訟が起こされた。

2　司法権とは何か

まず、裁判所が何をする機関なのかを確認しましょうか。

――憲法は七六条一項で、「すべて司法権は、最高裁判所及び法律の定めるところにより設置する下級裁判所に属する」としています。その趣旨は、続く二項で「特別裁判所は、これを設置することができない」と定められている点にも示されていて、典型的には裁判によって紛争を解決する権限は裁判所が独占していること、最高裁判所における判断が最終的なものになることにあると思います。

はい、しかし第一に憲法の次元では、その「司法権」の意味や範囲があまり明確ではありません。四一条で「国会は、国権の最高機関であつて、国の唯一の立法機関である」と位置付けられていること、六五条が「行政権は、内閣に属する」としていることとの対比でいわゆる三権分立だと理解し、その一つが裁判所のものであるとしているわけですね。しかし、さきほど出てきた七六条二項自体が、「行政機関は、終審として裁判を行ふことができない」と続いています。逆に言えばここでは、行政機関が終審としてでなく裁判を行なう可能性があるということが、憲法に明記されていることになるでしょう。

もう一つ、裁判に関する規則制定権（七七条）や裁判官に対する懲戒権（七八条）も、裁判所に与えられています。このような内部統制に関する権限（司法行政権）も、立法・行政と大きく区別した場合には「司法権」の一部ですから、司法権＝裁判することと簡単に考えることはできません。

この問題については、裁判所法（昭和二二年法律五九号）の三条一項に、より具体的な規定が置かれています――「裁判所は、日本国憲法に特別の定のある場合を除いて一切の法律上の争訟《そうしょう》を裁判し、その他法律において特に定める権限を有する」。つまり、

（A）裁判所は「法律上の争訟」を裁判する権限を独占している。
（B）憲法上に例外規定がある場合は、その例外である。
（C）「法律上の争訟」以外にも、法律で権限が認められることがある。

ということになるでしょう。（B）の例が憲法五五条に定められた「議員の資格に関する争訟」で、衆議院・参議院それぞれが所属議員に対して持っている権限とされています。また、裁判官を罷免する際に求められる弾劾裁判（六四条）についても両議院の議員が合同で組織しますね。（A）については裁判所法の三条二項が「前項の規定は、行政機関が前審として審判することを妨げない」としています。さきほど指摘した憲法七六条二項の後半に対応する規定ですが、たとえば出願した特許が認められるかどうかについては、特許庁が審査することになっています。審査によって拒絶され、それに不服だという場合には行政機関である特許庁に対して「拒絶査定不服審判」を申立て、さらに満足できないときにはじめて訴訟を提起できるということになっているのですが、その際には知的財産高等裁判所が宛先になり、上訴は最高裁に対して一回しか認められません。

——一般的には「三審制」ですから、地方裁判所・高等裁判所・最高裁判所の三回、判断を受けることができるはずです。

そうですね、ですからこの制度では、特許庁による審判が「前審」であり、通常は地裁で行なわれる第一審に相当するものと扱われていることがわかります。そして、不満があれば裁判所に上訴できるから「終審」ではなく、憲法上も許容されているということになるでしょうか。

3　判断できるのは「法律上の争訟」

さて、以上から、裁判所の権限の中心が「法律上の争訟」の判断にあるということがわかります。すると問題はもちろん、その意味するところと範囲ですね。これについては最高裁が、法律上の争訟とは「当事者間の具体的な権利義務ないし法律関係の存否に関する紛争であって、且つそれが法律の適用によって終局的に解決し得べきもの」（最高裁判決昭和二八年一一月一七日）という定義を示しています。つまり、**まず原告・被告が権利義務関係の両当事者**であり、**争いの対象がすでに一定の法律関係になっており（事件性の要件）**、さらに**法の適用によってその解決が可能であること（終局性の要件）**が求められているということになるでしょう。

――「教育勅語合憲確認訴訟」ですね。いわゆる教育勅語は、教育の基本方針を示すものとして一八九〇年に発布されたものですが、天皇の意思によって規範を定めているという形式的な面、内容の国家主義的な側面の双方から新憲法の精神に合致しないとされ、一九四八年に衆参両院ですでに失効しているという趣旨の決議が行なわれました。

＊教育勅語合憲確認訴訟　一九四八年に衆参両院で「教育勅語」は排除・失効が確認されたが、それに不服をもつ市民が、決議の違憲確認を求めた。

はい。この事件はそれに不満な側の市民から決議の違憲確認を求めて提起されたものですが、請求の根拠となっている利益は「結局上告人の主観的意見又は感情に基く精神的不満であつて、これらをもつて裁判所に訴を提起するための要件たる上告人の具体的な権利義務ないし法律関係の存否に関する紛争の存在を認めることはできない」という理由で一審で却下判決になり、上告が棄却されています。

同じように具体的な損害がないとされた判例として、村議会における予算議決の無効を求めて村民が提起した事件（最高裁判決昭和二九年二月一一日）も挙げられます。予算が議決されただけでは「村住民の具体的な権利義務に直接関係なく、村長において、右議決に基き、課税その他の行政処分を行うに至ってはじめて、これに直接関係を生ずるに至る」のだから、まだ「具体的な権利義務に関する争訟」があるとは言えないと判断されたのですね。

＊村議会決議無効確認請求　一九五一年、岐阜県本巣郡席田村の予算議決に対して、村民が無効であると主張して起こした訴訟。

――「却下」というのは通常の「棄却」ではないのですか。

どちらも原告の訴えが退けられるという意味で敗訴であることには違いありませんが、**民事訴訟の場合、適法な訴訟について内容面での判断を行なった結果として示されるのが「棄却」、それ以外が「却下」**です。一般的な訴訟について言えば、そもそも訴訟として成り立つ要件を満たしていないので事実に関する判断を示す必要もない（門前払い）ということですね。

次に、**法の適用による解決が可能な問題かどうか**という点です。この点について争われた典型的なケースが「板まんだら事件」（最高裁判決昭和五六年四月七日）ですね。

――はい、直接的には、ある宗教団体の元信者たちが、在籍中に行なった寄付は無効なので返還するよう請求した事件です。その前提として、当該宗教団体が本尊と位置付けている「板まんだら」は偽物であり、寄付はそれを本物だと誤信して行なわれたものだから錯誤（民法（明治二九年法律八九号）九五条）として無効だとの主張がなされました。

＊板まんだら事件　一九六五年、宗教団体の信者が、板まんだらをおさめるために支払った寄付金の返還を請求した事件。

この事件では、第一審が却下、控訴審が法律上の争訟性を認めるなど判断が揺れましたが、最高裁は第一審を支持しました。たしかに直接的には錯誤無効による金銭の返還請求という意味で具体的な権利義務関係に関する紛争だが、それが本当に錯誤かどうかを判断するためには「板まんだら」の真偽を確定する必要がある。しかしそれは「信仰の対象の価値又は宗教上の教義に関する判断」であり、「**実質において法令の適用による終局的な解決の不可能なもの**」だから**裁判所は手を出さない**、という趣旨ですね。

釈迦の遺骨を仏舎利と言います。世界中に残されている仏舎利を集めると人体何十体分にもなるという笑い話がありますが、そのことを知ったからといって仏舎利への信仰がなくなるとか、仏教全体が揺らぐというものでもないでしょう。ある意味で宗教はその存在が科学とは別のものですから、科学的な検証を経て法廷で事実とされるものを確定したとしても、紛争解決には役立たないということでしょうか。

別の言い方をすると、宗教に関する紛争は宗教の内部で解決してくださいということでもあります。**裁判所が担うのは法的判断であり、それ以外のものについてはそれを担うのに適した別の場所・組織・方法を活用すべき**だというわけですね。法が適用される国家全体ではなく、その内部にあるより小さな集団が持つ秩序の独自性を尊重すべきだという意味で、このような考え方を部分社会論とも呼びます。

技術士国家試験の合否判定について受験者が訴えた「技術士試験事件」（最高裁判決昭和四一年二月八日）では、「法令の適用によって解決するに適さない単なる政治的または経済的問題や技術上または学術上に関する争は、裁判所の裁判を受けうべき事柄ではない」ので、国家試験における合否判定も試験実施機関の最終判断に委ねられると判示されました。教育勅語合憲確認訴訟でも裁判所は、「衆参両院が専ら道義的又は政治的の見地から自ら決すべき問題であって、裁判所が法律の適用によって終局的に解決し得べき事項ではなく、これまた裁判所の権限に属するものと認めることはできない」と指摘しています。科学や宗教の問題についてはその分野における「正しさ」を決める手続きによって判断されるべきであり、政治的主張についても選挙と議会民主政によって勝敗が決まるのが本道だということになるでしょう。

＊技術士国家試験事件　一九六四年、技術士国家試験の受験者が自らが不合格であったことについて、試験判定の仕方に問題があるとして不服を申し立てた事件。

自衛隊の合憲性をめぐる「警察予備隊事件」（最高裁判決昭和二七年一〇月八日）についても、一方ではこのような「法律上の争訟」としての性格を欠いていると判断されたと考えることができます。

4　違憲審査制の分類

――「一方では」というのはどういう意味ですか？

もう一つ、抽象的違憲審査制が認められているかどうかという論点が伴っていたからですね。先にこの件について説明しておきましょう。

この事件は、現在の自衛隊の前身である警察予備隊が一九五〇年に創設されたのに対し、武力の保持を禁じた憲法九条に違反するという理由で訴えが提起されたものですが、当時の最大野党であった日本社会党の党首・鈴木茂三郎は原告として、訴状を最高裁判所に提出しました。

＊警察予備隊事件　一九五〇年、警察予備隊の設置に反対していた当時の日本社会党が、憲法九条に反するという理由で、党首（委員長）を原告として無効を訴えた事件。

——そのようなことができるのですか？

物理的にはできるでしょうが、法的には有効だと認められなかったので裁判官全員一致で「却下」という結論にいたっています。つまり「裁判所が現行の制度上与えられているのは司法権を行う権限であり、そして司法権が発動するためには具体的な争訟事件が提起されることを必要とする。我が裁判所は具体的な争訟事件が提起されないのに将来を予想して憲法及びその他の法律命令等の解釈に対し存在する疑義論争に関し抽象的な判断を下すごとき権限を行い得るものではない」というわけですね。

もちろん原告には原告なりの考えがあり、それは最高裁判所に抽象的違憲審査の権限を持つ憲法裁判所としての機能を果たしてほしいというものだったでしょう。違憲審査制が世界的には大きく二つのタイプに分かれることは知っていますね。

——はい、アメリカ型の附随的違憲審査制と呼ばれるものと、ドイツ型の抽象的違憲審査制です。前者では**具体的な事件についての訴訟を通じて一般の裁判所で違憲審査が行なわれる**のに対し、後者では**専門の憲法裁判所が設置され、法令の合憲性を直接に審査する**といった特徴があると聞いています。

後で少し再検討しますが〔第4章3〕、そのように大きく分けると二つの異なるタイプが世界的には存在すると、一般的には言われています。もう少し正確には、**両者の本質的な違いは合憲性を審査する権限が特定の機関のみに集中的に委ねられているか**どうかにあると考えた方がいいでしょう。

たとえば、新たに薬局を開設したいと申請したところ、法律によって既存の薬局と一定の距離がないと認められないことになっているという理由で不許可になったような事例を考えましょう。

——「薬局距離制限事件」（最高裁判決昭和五〇年四月三〇日）の事例ですね。日本では実際に訴訟になり、距離制限を定めていた当時の薬事法（昭和三五年法律一四五号）六条二項が憲法違反であるとの判断が下りました。

＊薬局距離制限事件　一九六四年、広島県福山市で福山駅前に開業の申請をした薬局が、その翌日以降の条例の改正を理由として県から不許可処分を受けたことに対し、不服であるとして訴訟を起こした事件。

この訴訟では不許可処分の有効性が争われたわけですが、それは申請者の利益に具体的に関わりますから、「法律上の争訟」として認められることになるでしょう。そして処分が法令上の基準にきちんと沿って行なわれたものだとすれば、その根拠法令が有効であれば正当、無効なら不当ということになります。つまり根拠法令の合憲性は、**処分の有効性を判断する上での先決問題**だと言うことができるでしょう。

さてこのようなとき、アメリカのような附随的違憲審査制では、通常の訴訟として第一審の裁判所（たとえば連邦地方裁判所）に訴えを提起することになります。審理する裁判所では、さきほど述べたように論理的には法令の合憲性が先決問題だと気付くでしょう。そこで、当事者からも主張として提出されていれば地方裁判所はまず合憲性という争点について判断し、それを前提に不許可処分の有効性について判断し、両者を合わせて判決として示すことになります。当事者が不服な場合に行なわれるだろう控訴審（たとえば連邦控訴裁判所）でも、上告されれば最高裁でも同じことが行なわれます。これが「一般の裁判所で違憲審査が行なわれる」という表現の意味するところですね。

ドイツ型の制度を取っている場合でも、このように具体的な訴訟を提起することは当然に認められており、一般論としては第一審の裁判所が扱うことになります。

――ではアメリカと変わらないのではないですか？

違うのはここからです。ドイツ型の特徴は、合憲性を審査する権限が憲法裁判所（あるいは相当する機関）に独占されていることだと考えた方がいいでしょう。具体的な事件であれば通常の裁判所に係属し、そこで前述のように法令の合憲性が先決問題だと判明します。そこでこのタイプでは訴訟手続が中断され、論点が憲法裁へと送付されるのですね。そして憲法裁はこの合憲性という点についてのみ判断し、結論を通常の裁判所へと送り返します。第一審としては、憲法裁によって確立された憲法判断を前提として訴訟を再開し、判断しますということになるでしょう。

このような具体的訴訟ではなく、直接に法令の合憲性のみを判断すること（抽象的違憲審査）、あるいはそれを一般国民からの訴えに応じて行なうこと（憲法訴願）もドイツ型の制度を採用している国々では広く見られますし、特にドイツではこの憲法訴願が非常に活発に利用されていると言われていますが、それらは実のところ一種のオプションだと考えるべきでしょう。

さて、日本の場合に戻ります。日本国憲法は八一条で「最高裁判所は、一切の法律、命令、規則又は処分が憲法に適合するかしないかを決定する権限を有する終審裁判所である」と定めているだけでしたね。この文章だけからは、

（A）最高裁判所が終審である以上、前審が存在すること＝下級審も違憲審査を行なうことができることが前提されている（アメリカ型）。

（B）最高裁判所が権限を有するとだけ書かれているので、最高裁判所＝憲法裁判所という機能が想定されている（ドイツ型）。

のどちらにも理解することができますから、（B）だという主張を込めて警察予備隊事件の訴訟が提起されたのに対し、憲法上の司法権と裁判所法にいう「法律上の争訟」の意義をもとに（A）だという判断が確定的に示されたのだと言うことができます。アメリカ型だとすれば、たとえ法令の

合憲性を問うことが真の目的だったとしても通常の訴訟としての条件を備える必要があります。だとすれば、自分に対する具体的な損害もないのに訴訟を提起することは、裁判所法三条一項の原則からは許されないということになるでしょう。

――やや留保があったような気がします。

5　適法な訴訟の条件

そのとおりです。まずいま述べたとおり、**自分が当事者となる「法律上の争訟」がある場合には、それだけで訴訟提起の要件を満たす**わけです。第一の典型が権利義務関係であり、売買契約が履行されなかったり代金が不払いになったようなケースですね。ただしこの場合は、事前に両当事者間に一定の関係があったことが前提になります。

第二の典型は、不法行為です。権利義務関係は契約という当事者間の合意によって形成されるわけですが、その外側で、つまり合意なく一定の債権債務が発生するケースですね。他者の行為から損害を受けた場合にはその補償を求めることができるという考え方で、具体的には民法七〇九条が「故意又は過失によって他人の権利又は法律上保護される利益を侵害した者は、これによって生じた損害を賠償する責任を負う」と定めています。

念のために言うと、民法で債権債務関係が発生する原因としてはあと二つ、事務管理と不当利得が規定されていますが、前者は相手が困るだろうと思って勝手に財産を管理してあげたような事例（雨が降ってきたので布団を取り入れてあげた）における必要経費の請求に関するもの、後者は正当な理由なく得た利益（間違って銀行口座に振り込まれた金銭）の返還に関するものであり、実際にもレアケースですし、いま問題にしているような訴訟にはほぼ関係しません。

さて、自衛隊に関する政策の当否を争いたいような場合、事前に原告（になりたい人々）と自衛隊・政府のあいだに契約関係があることは稀でしょう。

——ただ、たしか百里基地訴訟はそのような例でしたね。

はい。基地の建設予定地の持ち主が、当初は反対派住民に対してその土地を売却することにして売買契約①を締結したものの、代金の支払いが滞ったのでそれを解除し、国（防衛庁（現・防衛省））に対して売却した②という事例です。その後、①の買主（反対派住民）の名義で行なわれていた所有権移転の仮登記を抹消し、国側の所有権を確認するよう求めて、売主と国が①の買主を訴えたという事件ですね。反対派住民の側は売買契約②が無効だと反論しました。その主な主張は、

・本件のような土地の買収も憲法九八条一項で憲法に反する場合には無効であるとされた「国務に関するその他の行為」であるため、憲法に反する自衛隊のために行なった場合には無効で

ある。

・民法九〇条は「公の秩序又は善良の風俗に反する事項を目的とする法律行為は、無効とする」（口語化改正（二〇〇五）後の条文）と定めているが、憲法九条や平和的生存権の内容がここでいう「公の秩序」に含まれるので、それに反するような基地建設のための契約は無効である。

とまとめることができるでしょう。

これに対して第一審は、いわゆる「**統治行為論**」**によって自衛隊の合憲性に関する判断を避けました。**国家統治の基本に関する高度に政治的な問題については、裁判所の判断対象にできるような「法律上の争訟」としての性格を備えていたとしても、判断を差し控えるべきだという考え方です。

しかし**控訴審・最高裁では、そもそもその判断すら不要だったと指摘されたのです。**

――どういうことですか？

いま述べたとおり、この事件はあくまで土地の売買という民事法上の契約に関するトラブルです。防衛庁は、たとえば私が本を買うのとまったく同じように一定の金銭を支払い、その対価として土地という財を手に入れようとしたのであって、収用手続（土地収用法（昭和二六年法律二一九号））のように公法上の権力、国・政府しか用いることのできないような手段によって強制的に土地を入手しようとしたわけではありません。このような場合、国もまた一つの法人として企業や大学と変わらない経済主体としての活動を行なっているだけであって、公権力の行使や法規範の定立とは無関係だから、「国務に関するその他の行為」とは考えられない。その行為が公序良俗に反するかといった判断も、民間団体の場合と同様に行なわれるべきだというわけです。

いずれにせよ百里基地訴訟は、土地取引という具体的・個別的な法律関係が事前に存在し、かつそこでトラブルが生じるというレアケースで、一般的な防衛政策関係の訴訟とは共通性がないと言うべきでしょう。すると残された道は不法行為ですから、国・政府の政策決定により何らかの具体的損害が生じたと主張する必要がある。このように、自らが受けた損害の回復を求める訴訟のタイプを、行政法の世界では「主観訴訟」と呼びます。

6 主観訴訟と客観訴訟

ところで裁判所法三条一項を引用したときの最後の部分に注意してください――「裁判所は(……)その他法律において特に定める権限を有する」。

――「(C)『法律上の争訟』以外にも、法律で権限が認められることがある」と整理した部分ですね〔第1章2〕。

はい。つまりこれが主観訴訟に対する例外を定めた部分です。典型的には行政事件訴訟法四二条が「民衆訴訟及び機関訴訟は、法律に定める場合において、法律に定める者に限り、提起することができる」と定めていますね。民衆訴訟とは国や地方自治体の行為が法令に反している場合にその是正を求めるタイプの訴訟、機関訴訟は政府機関同士の権限に関する争いです。この二種をまとめて「客観訴訟」と呼びますが、それはこれらが法秩序の客観的な正しさを回復するための訴訟で、自己の利益や権利という主観的要素には無関係だからです。**訴えを提起する権限が法令のどこかに規定されていると主張して客観訴訟を提起するルートが、主観訴訟以外にあるということは覚えておきましょう**（しばらくあとになりますが、定数是正訴訟について扱うとき〔第3章2〕に考えます）。

そういうわけで、自らの主張を裁判で争い得る適法なものとするためには、

- 何らかの具体的な損害を受けたのでその回復を求める
- 何らかの根拠法規に基づき、客観訴訟として訴える

のいずれかを考えるということになります。

7　憲法訴訟を基礎付けるもの

――集団的自衛権に関する訴訟で原告側は、平和的生存権、人格権、憲法改正・決定権が侵害されることにより精神的に損害を受けたことに対する国家賠償請求と、自衛隊の出動を許さないという差止め請求の二つの形を取っているそうです。

はい。差止め請求についても、集団的自衛権の行使として内閣総理大臣が自衛隊に出動を命じる（防衛出動命令・自衛隊法七六条一項二号）などの事態を迎えるとさきほど列挙した権利が侵害される危険性が高く、さらにその回復が難しいと予測されることが根拠として挙げられていますから、本質的にはそれらの権利を**具体的な利益として挙げている**ことになるでしょう。これが原告側が主張する裁判の根拠です。

＊集団的自衛権に関する訴訟　二〇一四年の集団的自衛権の行使を容認した閣議決定と安全保障関連法は違憲であるとして、無効確認を求めた訴訟。

しかし**人格権について言えば財産権ではないもの全体を指すようなあいまいなものに過ぎません**し、平和的生存権については長沼ナイキ事件の第一審（札幌地裁判決昭和四八年九月七日）でこそ認められたことがあるものの控訴審（札幌高裁判決昭和五一年八月五日）で退けられ、その後も認められた例はありません。

平和的生存権はそこで憲法の前文や第九条に根拠を持つものとして主張されていたのですが、控訴審判決によれば、これらはいずれも国家運営の方針を掲げる目的規定にとどまっていたり、たとえば武力行使など一定の権限行使・行為を国家に対して禁止するという法的効果は持っているものの、保護されるべき利益を個々の国民に対して保障したと理解することはできないものにすぎません。法的な利益がなければそれが侵害されることもなく、したがって「法律上の争訟」にもあたらないということになるでしょう。したがって結論としては「却下」だと、そういう判断にいたっています。根拠となる条文が変わっているわけでもないので、この点に関する判断が覆ることもなさそうだと、前例に基づくならば予測することになるでしょう。

――すると残るのは「憲法改正・決定権」でしょうか。

これが今回の新機軸であり、たしかに明示的な憲法条文の改正ではなく閣議決定という手続きを通じてその解釈を変え、さらにそれを現実化するための平和安全法制を通常の法律として制定する（平和安全法制整備法（平成二七年法律七六号）・国際平和支援法（平成二七年法律七七号））という安倍政権の手法に対応するものとして、独自の価値を持っているとは思います。原告側によればこのような手法は「憲法尊重擁護義務に違反し、憲法改正手続をも潜脱するもの」（訴状）だというのですね。

しかし憲法改正とは「国民の名で」（憲法九六条二項）行なわれるものであり、具体的にも両議院それぞれの総議員の三分の二以上の賛成によって発議され、国民投票で有効投票の過半数の賛成を得た場合に成立します（同一項、憲法改正手続法（平成一九年法律五一号）一二六条）。つまり**集団としての日本国民が一定の手法によって確認された意思に基づいて行使するような権能であって、個々の国民が持つような権利ではないと考えるべき**でしょう。多数決である以上、少数になった側に属する国民たちの意見は必ず無視されるわけですからね。

もちろん一定の条件に該当する国民に国民投票への参加を禁止するようなことがあれば、そのような権利を持つ集団の一員としての地位の侵害と言うことができるだろうとは思います。しかし集団的自衛権とは、そういう種類のものでもありませんよね。

8　裁判の決まりごと

さらに言えば**裁判とはあくまで、原告による訴訟の提起（刑事訴訟の場合には検察官による起訴）があって機能する制度**です。刑事裁判で、誤った条文に基づいて起訴が行なわれたとしましょう。裁判官は検察官に対して訴因の変更を促したり、必要な場合には命令することができますが（訴因変更命令、刑事訴訟法（昭和二三年法律一三一号）三一二条二項）、それ以上の強制はできません。検察官が命令に従わず、あくまで誤った訴因を維持するのであれば、無罪判決を出すしかないというのが通説です。あくまで起訴において求められた範囲で、その容疑について、有罪無罪を判断するという制約が課されているわけですね。

民事裁判においてはこの制約はより厳格で、あくまで当事者の主張を・当事者が提出した証拠に基づいて・判断しなくてはなりません（**当事者主義**）。仮に一方当事者の提出した証拠が捏造されたものだということを裁判官個人が偶然に知っていたとしても、他方当事者がその旨を主張しない限り、それを判断の根拠に含めてはいけないのです。

——個人的に集めた情報に基づいて判断する「遠山の金さん」のような存在は許されないのですね。

はい。これは裁判の結論についても同様で、あくまで当事者の求めた内容をどこまで認めるのか、国家が手を貸して強制させるかという判断のみが行なわれます。その意味で、裁判を通じて結論は客観的な事実や真理（そういうものがあるとして、ですが）とは乖離することが、当初から予定されていると言うことができるでしょう。

言い換えれば**裁判とは、そのように一定のルールの範囲内で争い、ルールの認める範囲で一定の結論を導くための制度**です。そのルールに従うことのできない要求が認められる可能性は、最初から存在しないのですね。

結局のところ、自衛隊が関係するような訴訟で門前払いや肩すかしが相次ぐのは、**そもそもそこに「法律上の争訟」として認められるような具体的な利益がないからだ**ということになるのではないでしょうか。教育勅語合憲確認訴訟のところで確認したように〔第1章3〕、当事者の「主観的意見又は感情に基く精神的不満」を受け止めることは、裁判所の役割ではないのです。多くの防衛政策関係の訴訟において、それを法的主張として構成する努力を当事者が懸命に行なっているとしても、その内実は政府による一定の政策決定について不満である・改めてもらいたいという話であることは、当然に透けて見えています。ならば政治の場で——選挙や議会を通じて、あるいはその外で国民に直接訴える機会としてのデモやキャンペーンを含めても構いませんが——解決されるべき問題だというのが裁判所、あるいは憲法上も予定された裁判の機能に示された考え方だということになるのではないでしょうか。

一連の憲法訴訟で原告の主張が取り上げられないのは決して裁判所が消極的だからではなく、**そもそも裁判所が扱う・裁判所に解決を期待するのが適切な問題ではないからだ**、というのがここでの結論だということになります。

第２章　日本の裁判所は消極的ではない——中古ゲーム訴訟と判例法理

《この章で扱うこと》
・アメリカの違憲立法審査権は、連邦と州・大統領と議会の権限争いについて活用されている
・憲法以外の領域では、日本でも判例法理が活発に形成されている
・裁判所の判断に対し、立法権の側が譲っていることも稀ではない

1　日本は司法消極主義か

——しかし、「日本の裁判所は消極的だ」というのは、いわば常識のように言われていることではないでしょうか。「司法消極主義」という言葉は広く使われています。

それはそのとおりです。しかし、たとえば百年前には女性の知的能力は男性に対して劣っている

と多くの人が思っていたし、公然とそう主張していました。みんなが言っているから正しいと決め付けてしまえば、現在のように男女平等が当然の理念だと我々が考えることはなかったでしょう。ある意味では、人々が自然に信じているからこそその根拠を確認し、誤っていればそれを改めるために学問とか研究とかいったものがあるのでしょうね。

さてその「司法消極主義」ですが、なぜ日本の裁判所の態度をそのように表現することができると考えられているのですか？

——それはやはり自衛隊の存在や合憲性をめぐる判断を、最高裁判所が避け続けてきたという要素が大きいと思います。さきほども登場した「統治行為論」が典型的ですね。

その点とも密接に関連しますが、憲法上も裁判所に対して認められた権限である違憲立法審査権をほとんど行使しておらず、立法府との対立を回避してその不正を見逃しているという批判が強いのではないでしょうか。

2　比較対象としてのアメリカ

そうですね。まずいま指摘されたとおり、「司法消極主義」というイメージの中心にあるのが違憲立法審査権であること、比較の対象としても、その制度の母国であるアメリカが暗黙に想定されているケースが多いことを確認しておきましょう。

その上で第一に、アメリカにおいて違憲立法審査権が活発に使われているというのはある意味で間違いありません。連邦最高裁は、一九五三年のウォーレン・コート発足から二〇一〇年六月までに限定しても六百件以上の違憲判決を下しています（見平典『違憲審査制をめぐるポリティクス――現代アメリカ連邦最高裁判所の積極化の背景』（成文堂、二〇一二）三頁）。

＊ウォーレン・コート　アール・ウォーレンが連邦最高裁判所長官を務めた時代の同裁判所のこと。アメリカでは、最高裁長官の名前によって「〇〇・コート」と呼ぶことが多い。

――アール・ウォーレンが連邦最高裁判所の長官を務めた時代（一九五三〜六九）ですね。公民権運動や政教分離問題を中心に憲法判断を積極的に行ない、現代まで知られているような判決の数々を残しています。

公立学校における人種隔離政策を違憲としたブラウン事件判決（Brown v. Board of Education of Topeka, 347 U.S. 483 (1954)）や、アメリカの刑事ドラマによく出てくる「ミランダ警告」――「お前には黙秘権がある、お前の供述は法廷で不利な証拠として用いられる場合がある……」というあれですが――の必要性を確立したミランダ事件（Miranda v. Arizona, 384 U.S. 436 (1966)）などは有名ですね。

もちろんその後、ウォーレン・E・バーガーの率いたバーガー・コート（一九六九〜八六）、ウィリアム・レンクィストのレンクィスト・コート（一九八六〜二〇〇五）、さらに現在の連邦最高裁長官ジョン・G・ロバーツによるロバーツ・コート（二〇〇五〜）と移り変わっても、画期的・決定的と評されるような違憲判決が絶えることなく出されてきたことは間違いありません。バーガー・コートでは女性の妊娠中絶の権利を認めた有名なロー対ウェイド事件（Roe v. Wade, 410 U.S. 113 (1973)）、レンクィスト・コートではヘイトスピーチ規制が憲法によって保護された表現の自由を侵害するという理由で退けられたＲＡＶ事件（R.A.V. v. City of St. Paul, 505 U.S. 377（1992））を挙げておきましょうか。

――期間について多少の違いはありますが、一九四七年に施行された日本国憲法で導入された日本の違憲立法審査権について見ると、法令違憲という判断はわずか十件程度にすぎません。これ以外に、争われている事件における適用のされ方がその限りで違憲であるとする適用違憲、政府の具体的な権限行使（たとえば無償で貸与していた公有地が神社として利用されていたこと）と政教分離（憲法二〇条）の関係が問われた「空知太神社事件」（最高裁判決平成二二年一月二〇日）に対する判断である処分違憲なども考えられますが、いずれにせよその数は大変少ないようです。やはりそこには大きな違いがあると考えるべきではないでしょうか。

＊空知太神社事件　二〇〇四年、北海道砂川市で、町内会に無償で貸与されていた市所有の土地に、空知太神社の祠などが設置されていたことに関して、住民が起こした訴訟。

しかしまず、**アメリカ連邦最高裁による違憲判決の多くが州レベルの法規制を対象にしたものだ**

ということに注意しなくてはなりません。日本と違って連邦制国家であるアメリカでは、それぞれの州が議会を持ち、独自の法を制定する権限を持っています。逆に言えば、日本からはアメリカの代表のように思われている連邦議会ですが、その立法権が及ぶのは連邦の直轄地（たとえば首都ワシントンＤＣ）などごく限られた領域と、憲法により連邦に権限が与えられた事項に限られます。いろいろな事情があって次第に連邦の力が強まってはいくのですが、外交・防衛など対外関係を統一的に処理する必要から与えられた権限と、州際通商など複数の州が関与する事態を処理するための権限が、もともとの中心です。

さきほどは六百件以上と言いましたが、実のところ連邦議会の制定した連邦法に対するものは一〇一件、州法および条例に対するものが五百件以上を占めているそうです（見平前掲）。いま挙げた事件群を見ても、ブラウン事件の背景にあったのは人種分離教育を定めていたカンザス州法、ロー対ウェイド事件は堕胎を禁止していたテキサス州法、ＲＡＶ事件ではヘイトスピーチに対する規制を定めたミネソタ州セント・ポール市条例です（挑発的に喧嘩を売る表現（fighting words）のうち、人種など特定の主題に関するもののみを規制対象としたことが内容中立的でないとして問題になった事例でした）。ミランダ事件もアリゾナ州での犯罪捜査が問題になっていますが、特別な領域を除くと警察もやはり州以下の管轄ですから、同様に考えることができるでしょう。

つまりアメリカにおける違憲立法審査権は、かなりの部分、連邦と州という異なるレベルの政府間の権限を調整するために機能しているのですね。連邦政府内部における大統領と議会の権限争いについても大きな機能を果たしてきましたが、もちろんその背景としては**両者がまったく別の手段**

によって選ばれ、独自の権威を備えていることを理解する必要があります。このどちらも、日本とは違う事情ですね。

——それを除いてもまだ大きな差は残る気がします。

たしかにそうです。その背景としては**立法システムの差と立法府・司法府の機能分担のあり方という二つの要素**を考えることができると思うのですが、その問題を検討するのは少し後回しにしたいと思います〔第8章10〕。ここではまず、

- **違憲立法審査制の機能は、立法システム全体のあり方に左右される**
- **日本の裁判所が消極的だとされる根拠は、主に憲法問題である**

という二点を確認しておきましょう。

3　判例法理の存在

しかし「司法消極主義」と言えば司法府全体が消極的であるかのように聞こえるでしょう。たとえばその原因としてキャリアシステム、つまり裁判官が一般的な官僚と同じように司法修習を終え

た直後から裁判所での勤務を続け、その人事や昇格についても最高裁事務総局の実質的なコントロール下にあることを挙げるとするならば、憲法判断だけでなく、その他の多くの領域においても日本の裁判所は消極的な姿勢に終始するはずです。

これに対して、現実には、大学の法学教育の内容には多くの「判例法理」が含まれています。**明示的な実定法上の根拠はないが、これまで実際の事件で示されてきた判決のなかで形成され、確立されてきたもの**だというわけですね。これらが事実上は立法的な機能を果たしてきているとすれば、裁判所は消極的だとも、司法府に対して抑制的だとも言えないことになるのではないでしょうか。

4　法理を作った「整理解雇の四要件」

たとえば「整理解雇の四要件」と呼ばれているものがありますが、ご存じですね？

——企業の経営が思わしくない場合に、再建策の一部としていわゆるリストラを行なうことが認められるための基準に関する考え方ですね。東洋酸素事件（東京高裁判決昭和五四年一〇月二九日）において明確に示されたもので、その内容としては

・人員整理の必要性——余剰人員を削減しなければ経営が維持できないような状況
・解雇回避努力義務の履行——新規採用の抑制や希望退職の募集、配置転換、役員報酬の

削減などの経営努力がすでになされていること
・被解雇者選定の合理性――対象者の人選基準が合理的であり、その適用も公平になされていること
・手続きの妥当性――労働者・労働組合と説明・協議などのプロセスを十分に経ていること

ということだったと思います。

＊東洋酸素事件　一九七六年、東洋酸素が、業績の悪化から工場を閉鎖する際に、該当部署に所属する従業員全員を、就業規則の「やむを得ない事業の都合」という解雇事由に該当するとして解雇したのに対し、従業員が不服として起こした訴訟。

そうですね。もともと労働法制上は「普通解雇」つまり労働者の能力が必要な水準に達していないとか病気・怪我から回復する見込みがないといった場合に行なわれるものと、労働者の非行に対する処罰としての「懲戒解雇」という考え方しかありません（労働基準法（昭和二二年法律四九号など）。「整理解雇」とは普通解雇のうちリストラ目的のものを特に切り出し、説明してもらったように厳しい条件を付けて制限したもの、と一般的に位置付けられていると思います。

もちろん裁判所がこのような判例法理を構築した背景には、終身雇用制や年功序列型賃金を前提とした日本型雇用慣行がありました。たとえば懲戒解雇のように労働者の側の落ち度のために辞め

させるのはともかく、企業側の一方的な事情から労働者を解雇した場合、雇用は継続されるし賃金も安定的に上昇するだろうという労働者の期待とそれに基づく人生設計（典型的には住宅ローンなど）を破綻させることが懸念されます。このため、整理解雇を行なわない限り企業経営全体が破綻して労働者全員に対する影響が生じるだろうし、事前の回避策を十分取ったにもかかわらずそのような状態が避けられないようなケースに限って、整理解雇を認めるべきだというのですね。

これらの判例によって整理解雇をごく限定的にしか認めないという実態が成立し、いわゆる日本型雇用慣行の重要な一部となってからだいぶ経って、二〇〇三年の労働基準法改正（平成一五年法律一〇四号）の際に一八条の二「解雇は、客観的に合理的な理由を欠き、社会通念上相当であると認められない場合は、その権利を濫用したものとして、無効とする」という規定が追加されました。この規定はその後、二〇〇七年に労働契約法（平成一九年法律一二八号）が新たに制定された際にその一六条へと移動しましたが、いずれにせよ**裁判所が主導的に形成した実態が立法によって追認されたということになるでしょう。**

5　立法を排除した「サラ金訴訟」

いわゆるサラ金をめぐる判例の展開は、**より積極的に立法権に対抗した事例**だと評価できるだろうと思います。まず、利息制限法（昭和二九年法律一〇〇号）における超過利息の問題がありましたね。

――はい、法的に有効だと認められる利率を制限する法律として、明治一〇年に制定された太政官布告を置き換えるかたちで制定されたものです。これらの事件の当時（二〇〇六年の改正以前）、金銭の消費貸借、つまり一般的に言う借金については、元本が一〇万円未満の場合は年二〇%、それを超えて一〇〇万円未満の場合は一八%、それ以上の場合は一五%に利息の割合が制限され、この上限を上回る部分（超過利息）は無効とされています（一条一項（旧））。しかし、債務者が任意に超過利息を支払った場合には、あとから返還請求することは認められませんでした（同二項（旧））。

そうですね、一般的には債務者はおカネに困っているから借りようとするので、債権者に対して弱い立場にあります。その格差を利用して不当な高利が強制されることを防ぐためにこの規制が設けられたわけですが、場合によってはこの規制自体が債務者の不利に働く可能性がある。

たとえば企業が一時的な経営の危機に陥って決済資金を一定期間だけ必要とするような場合を考えましょう。貸す側からすれば「乗り切れる」という経営者の判断が間違いでそのまま倒産する可能性もあるわけですから、それなりの利息はもらわないとリスクに見合いません。借りる側としては、とにかくその期間だけが乗り切れればいいのでそれなりの高利率であっても借りられれば助かる。ここでリスクに対応する利率がたとえば二五%だったとして、そのような貸し出しを一律に禁止してしまえばこの企業は決済資金を借りることができず、倒産してしまいます。借りた側も高利率の必要性が理解できており、十分に適切な利率だと納得して支払うような場合を排除することも不適切だ、と考えられたわけですね。

しかしこの超過利息に関する規定は、裁判所によって事実上ほぼ無効化されています。

——まず、制限を超える利率で利息を支払ったが元本の返済が残っている場合については、超過分が元本に充当されるべきだと判断されました（最高裁判決昭和三九年一一月一八日）。

たとえば、一〇〇万円を年利二五％で借り、一年経ったところで二五万円を利息として支払ったときを考えましょう。利率の上限は一五％ですから許容される利息は本来一五万円、一〇万円が超過利息ということになります。しかしそれを含む二五万円の返済が任意に行なわれた場合にあとから返せとは言えない、というのが法律の趣旨でした。

しかしその判決は、超過分の一〇万円は元本一〇〇万円の返済だと考えなさいとしたわけですね。結果的にその時点で元本が九〇万円に減少し、それ以降の利息も最終的に返済すべき額もその分だけ減ることになるでしょう。返還請求はできなくとも借金の返済がその分だけ進むわけですから、事実上は債務者のものと扱われたことになります。

さらに大きな判断が、その元本も消滅する場合について示されました。つまり、さきほどの例で年一回の利息支払い（二五万円）を八年間続けた場合を考えます。

――本来の想定では元本一〇〇万円に対する年間利息が二五万円ですから、その分が支払われ続けているだけで元本の返済はまったく進んでいないことになるわけですね。

はい、しかしさきほどの最高裁判例によれば、最初の年に支払われたうち一〇万円は元本に充当されます。すると、

・二年目―元本九〇万円、利息上限一六・二万円……八・八万円を元本に充当
・三年目―元本八一・二万円、利息上限一四・六万円……一〇・四万円を元本に充当
・四年目―元本七〇・八万円、利息上限一二・七万円……一二・三万円を元本に充当
・五年目―元本五八・五万円、利息上限一〇・五万円……一四・五万円を元本に充当
・六年目―元本四四万円、利息上限七・九万円……一七・一万円を元本に充当
・七年目―元本二六・九万円、利息上限四・八万円……二〇・二万円を元本に充当
・八年目―元本六・七万円、利息上限一・三万円……二三・七万円を元本に充当

と返済が進んでいくことになります（単純化のため小数点以下二位で四捨五入して計算しています。元本が一〇〇万円・一〇万円をそれぞれ下回った時点で利率の上限が変化していることに注意）。するとハ年目の時点で残りの元本が六・七万円、超過利息が二三・七万円になっていますから、それを元本に充当しても一七万円が残ることになるでしょう。

――充当する元本もありませんからどう見ても超過利息で、任意に支払った場合には返還請求できないという利息制限法の規定を適用するしかないような気がしますが……

ところが最高裁は、この例だと八年目の超過分から六・七万円を元本に充当した時点で残高がゼロになり、債務が消滅しているので利息も発生せず、したがって残り一七万円は利息ではなく利息制限法の適用もないと判断したのですね（最高裁判決昭和四三年一一月一三日）。利息でないとすれば単なる不当利得（正当な原因なしに得た利益）なので民法の原則に従って返還請求は可能だというのです。

さらに、ここでは利息の支払いが複数回続くことによって元本が次第に減少していくパターンを考えましたが、元本と高利の利息（＝利息制限法の範囲内の利息と超過利息）が一括で支払われた場合にも同様に考え、超過分は不当利得として返還請求が可能だとも判断されています（最高裁判決昭和四四年一一月二五日）。

結果的に利息制限法（旧）一条二項が適用されるケースはほぼ存在しなくなったと言ってよいでしょう。この事例では、**国会が一定の考慮に基づいて制定した法律を、裁判所が判例法理を構築していくことによって排除していった**と考えることができます。

6　立法への挑戦としてのグレーゾーン金利

同様の傾向は、いわゆるグレーゾーン金利をめぐるサラ金問題でも繰り返されました。

――厳しい取り立てが社会問題化したことなどもあって、一九八三年に構築された規制ですね。

貸金業法（昭和五八年法律三二号）が制定されていわゆるサラ金業者に登録制が導入され、特に取り立ての時間や方法に関する行政的な規制が行なわれました。また、出資取締法が改正され、登録された貸金業者については年率四〇・〇〇四％を超える金利が刑事罰によって禁止されました（五条二項（当時））。

そのとおりです。この結果、前述のとおり利息制限法によって一五～二〇％を超える利息が民事的に無効である一方、刑事罰を受けるのは四〇・〇〇四％以上ですから、そのあいだに民事無効・刑事不可罰という領域が生まれたことになります。もちろんこれは法律の設定上そうなったということですから、別に法律上の可否が判然としない「グレー」ではありません。貸金業者の側からは、当事者が自主的に遵守するならその契約内容が有効になる領域という意味で「任意ゾーン」と呼ぶべきだという声もあったようですね。

そして、どう呼ぶかはともかくとしてこの領域を対象に、登録された貸金業者が利息制限法を上回る利息を請求することが認められるようになりました（貸金業法四三条（当時））。利息制限法の規定を同じく債務者が任意に支払った場合には有効であり返還請求できないという趣旨ですが、条件として

・契約条件等を明記した法定書面を契約締結時に交付すること
・弁済時に法定の受取証書を交付すること

が求められました。逆に言えば、この法改正は前述した一連の最高裁判決により利息制限法の該当部分が空文化したあとに行なわれたものですから、一定の高金利を要求する貸金業を再び公認するという立法府の意図があったことは明白だと思われます。実際、衆議院で行なわれた提案理由説明においても「貸金業者に対して本法において各種の厳しい業務規制を課し、また、金利等取締法を改正して刑事罰対象金利を引き下げることとしていること等にかんがみ」超過利息が任意に支払われた場合には「有効な利息の債務の弁済とみなす」と明言されています（大原一三議員、衆議院大蔵委員会昭和五七年八月四日）。しかし……

——最高裁は再び同様の態度を示したのでしたね。

そういうことになります。たとえば最高裁は貸付け時の交付書面について、契約の性質から確定

的には記載できない事項があったとしても、それに準じた内容を記載しない限り有効性が認められないと判断しました（最高裁判決平成一七年一二月一五日）。これはリボルビング払いの契約だったのですが、最低返済額や計画どおり返済が進んだ場合の返済期間・金額などは個々の貸付け時点で確定しているのだから書けるはずだというのですね。

また、弁済時の交付についても、貸金業法の求める内容が記載された振込用紙と一体の書面をあらかじめ債務者に渡し、その書面を用いて返済が行なわれた場合でも「書面の交付」があったとは言えないとして超過利息の有効性を認めませんでした（最高裁判決平成一六年二月二〇日）。銀行振込で返済された場合に受取証書を郵送した事例でも、貸金業法が「直ちに」交付することを求めている点に反するとして無効とされています（最高裁判決平成一六年七月九日）。

そもそも契約時に法定書面を交付する趣旨は、契約の内容をよく理解したうえで一定の高金利を支払うことに同意したという債務者の任意性を確保する点にありました。しかし最高裁は、返済が一度でも遅れたら債務の全額の請求をただちに求めるとするいわゆる「期限の利益の喪失」を盛り込んだ条件のもとで超過金利部分の有効性を債務者が争うことは困難であり、事実上の強制が行なわれているという判断にいたりました（最高裁判決平成一八年一月一三日）。結果的には貸金業法の条件が満たされていないので、貸金業者側が超過利益を得ることはできなくなります。「期限の利益の喪失」はサラ金だけでなく金銭の貸借契約においてごく一般的な内容でしたから、ここで**最高裁は利息制限法を上回る利率での契約の有効性を再度ほぼ否定した**ということになるでしょう。

最終的に立法府は、二〇〇六年の貸金業法改正でいわゆるグレーゾーン金利を廃止し、利息制限法と出資法の定める上限利率のあいだについても行政処分の対象にするという対応へ追い込まれました（平成一八年法律一一五号）。利息制限法の超過利息に関する規定（一条二項（旧））も、このとき同時に廃止されています。

ここでも**司法府が抑制的・消極的であるとは言いがたい、むしろ立法府に対して挑戦し法規制を塗り替えていくような姿勢が示されている**のではないでしょうか。

7　中古ゲーム販売はなぜ訴えられたのか

知的財産権というややマイナーな領域に属する事件ですが、中古ゲーム販売訴訟もこの観点からは興味深いので、検討してみましょう。問題となったのは、ファミコンから始まる家庭用ゲーム機で遊ぶためのゲームソフト——カートリッジやCD－ROMの形態で流通していたものでしたね。

＊中古ゲーム販売訴訟　一九九八年頃から、ソニー・コンピュータエンタテインメント、カプコン、コナミ、スクウェア、ナムコなどのゲームソフト会社が、中古ゲーム販売会社に対し、中古ゲームソフトの販売差止めを求めて起こした訴訟。反対に販売会社側からも販売契約を不服とする訴訟がなされた。

——はい、本やCDと同じように、不要になったゲームソフトを消費者から買い取って別の消費者に販売する中古業者が誕生しました。一九九二年には、そのような業者のチェーンが集まって「ジャパンテレビゲームチェーン協会」を結成したと言われています。

そのような市場に対して、一九九四年に「プレイステーション」でゲーム業界に参入したソニー・コンピュータエンタテインメント（ＳＣＥ）社が中古品売買の禁止を要求したというのが事件の背景です。ＳＣＥ社が、メーカー（ＳＣＥ社）と小売店とで直接取引するようにそれまでのゲーム流通の構造を整理したことも、このような方針の裏付けになりました。一九九六年に結成されたゲームメーカーの団体「コンピュータエンターテインメントソフトウェア協会」（ＣＥＳＡ）も、中古ゲームソフト売買の撲滅キャンペーンを展開しています。

――でも、何が問題なのでしょうか。さきほど確認したように、本やＣＤであれば昔からあるような古書店であれ、ブックオフのようなチェーンであれ、中古品の流通は普通に行なわれていると思うのですが。

もちろんそういった分野でも、出版社やレコード会社からは中古販売を問題視する声がないわけではありません。一般的に言えば中古品の方が新品より安いですから、そういった流通業者がいると新品を買わずに中古で満足する消費者が一定数は出るでしょう。ところで、新品の本やＣＤを買うときに小売業者に対して消費者が支払った価格の相当な割合は流通業者（書籍の場合には取次と呼ばれる業者）を経て出版社やレコード会社に届き、製造や編集にかかった経費がそこから賄われることになりますし、さらに一定の割合が著作権者、つまり本の著者や、ＣＤなら作詞者・作曲者や実演家（歌手など）に支払われることになり、プロの創作者であればそれによって生計を立てることができるでしょう。

しかし中古販売の場合にはそのような還元が起きず、支払われた価格のすべては中古販売業者の収入になります。仮に中古販売が存在することによって新品の売り上げが落ちているとすれば、それに相当するだけ著作権者の収入も、出版社やレコード会社の収入も下がっていることになります。これでは新品の製作を続けていくための十分な収入が得られない、というのですね。

――本当でしょうか。

それはよくわからない、としか言いようがありません。中古で安く買えるのを期待して新品を買い控える人もなかにはいるだろうと思いますし、気に入らなければ中古販売業者に売ればいいかなと思って気軽に新品を買う人がいるかもしれません。自動車であれば後者のような人、たとえば三年後に下取りに出すことを前提に考えて、そのとき高く売れるような新車を選ぶ人も珍しくはないようですしね。

いいいいいいいいいいいいいいいいいいいいいい、それが事実だとすればどの程度の影響があるかは別にして、新品の製作・流通に関わっているなかにはいわば商売敵として中古販売を嫌う人々が確実にいます。**他の業界ではそれに基づく法的主張を行なうことは困難だったのに対して、ゲームソフトでは実際に訴訟になったことの背景にあるのは何だったか**ということが、むしろここでの問題でしょう。

一九九八年六月、①ゲーム会社五社が共同で中古ゲームソフトの販売差止めと廃棄を求める訴訟を中古販売業者に対して起こし、翌七月には②さらに一社を加えて別の業者を提訴します（大阪訴訟、ただし最初の訴訟①は訴えられた業者が請求を認めることで翌年に終結した）。またそれとは別に、それまでは一定の期間経過後に中古販売を認めていた態度を変え、中古販売業者への出荷を停止したゲームソフト会社を、その中古販売業者が提訴します（東京訴訟）。このようにして、事態は法廷での判断に委ねられることになりました。

ではここで、ゲーム会社側の主張を整理してみましょう。

①ゲームソフトは「映画の著作物」である。
②映画の著作物には「頒布権」がある。
③頒布権があれば、許諾のない中古販売を禁止することができる。

ゲーム会社側としてはこの①②③がすべて揃うと主張したわけですが、まずその根拠を確認してみましょう。

8　ゲームは「映画の著作物」か

①についてはどうですか？

——はい、下級審のものですが、過去にテレビゲームが著作物にあたるかどうか自体が争われた事件がありました（「パックマン事件」東京地裁判決昭和五九年九月二八日）。著作権法一〇条が列挙する「著作物」にゲームソフトが含まれていなかったことが背景で、無許可で複製した業者が著作権の侵害にあたらないと主張したものです。

＊パックマン事件　一九八一年、ナムコが都内喫茶店を経営する企業に対し、ナムコに無断でパックマンによく似たゲームを作り、違法に上映しているとして起こした訴訟。

もちろん一〇条は「この法律にいう著作物を例示すると、おおむね次のとおりである」という規定ですから、ここに挙がっていないからただちに著作物にあたらないとは言えません。しかしいずれにせよ、新しいタイプの知的財産が登場すると必ず起きる紛争ですね。

——そこで裁判所は同法の二条三項に「この法律にいう『映画の著作物』には、映画の効果に類似する視覚的又は視聴覚的効果を生じさせる方法で表現され、かつ、物に固定されている著作物を含むものとする」とされていること、具体的な対象となったロールプレイングゲームはプレイヤーの操作によって画面表示が大きく変わるようなものであったことから視覚的効果を利用したものと判断し、「映画の著作物」だとしています。

そうですね、歴史シミュレーションゲームについて、画面の大半が静止画像であったことから映画と類似した視覚的効果を生むものではないと判断され、「映画の著作物」にあたらないとされた別の判例もありますから（「三國志Ⅲ事件」東京高裁判決平成一一年三月一八日）注意する必要はありますが、アクション性の高いものなど家庭用ゲームソフトの多くはこの基準によれば「映画の著作物」になると考えることができるでしょう。**するとこの点については、すでに判例で確立されているのではないか、**ということになりそうです。

＊三國志Ⅲ事件　パソコンゲーム「三國志Ⅲ」の製作元である光栄が、その解説本を一九九三年に出版した技術評論社に対して、『三國志Ⅲ非公式ガイドブック』付録フロッピーディスクが「ゲームバランスを破壊し、同一性保持権および翻案権を侵害する」として訴えたもの。

9　頒布権とは何か

では②はどうですか？

——これはもっと簡単で、著作権法の二六条一項が明文で「著作者は、その映画の著作物をその複製物により頒布する権利を専有する」と規定しています。また、ここでいう「頒布」については二条一項の一九号で、「有償であるか又は無償であるかを問わず、複製物を公衆に譲渡し、又は貸与することをいい、映画の著作物又は映画の著作物において複製されている著作物にあつては、これらの著作物を公衆に提示することを目的として当該映画の著作物の複製物を譲渡し、又は貸与することを含むものとする」とされています。

「複製物を譲渡」することが頒布に含まれており、本来はその権利を著作権者が専有しているので、許諾を受けない限りは許されないということになりそうですね。

いま述べてもらったとおり、複製や翻案だけでなく複製されたものの譲渡・貸与までコントロールできるような強い権利が認められているのは映画の著作物だけで、立法の経緯としては、当時の劇場用映画の上映システムが背景にあったと指摘されています。つまり当時、映画を上映するためには「35㎜フィルム」と呼ばれるものを映写機で再生する必要があったのですが、これは非常に高価なうえに扱いに注意が必要なもので、上映予定のあるすべての劇場の数だけ複製するようなことは困難でした。そのため、大都市の大きな劇場でまず上映を始め（フィルム缶の封を切るので「封切館」と呼ばれる）、一〜二週間後にやや立地の劣る劇場へ（二番館）、さらに遅れて上映する劇場（三番館）へとフィルム自体を移動させていくシステムが構築されました。

東宝・松竹・東映など「配給」と呼ばれる企業は、オリジナルのフィルムから限られた数の上映用フィルムを複製し、それをこれらの映画館へと一定の期間に限って貸与して上映させ、期間の終了後には返却させたり次の映画館へと引き渡させたりしていたのですね。映画の制作に必要となった費用も、貸与を受けるために映画館から支払われる経費から賄われていました。複製物の譲渡・貸与のコントロールは、このように転々とした流通に立脚した配給制度を維持するために必要とされたと言われています。

――でもそれは、大量に複製された製品が個々の消費者に購入されることを主に想定しているゲームソフトにはあてはまらない状況のような気がしますが。

そのとおりです。なので「立法の経緯としては」と言いました。しかし、**法律の条文にはそのような配給制度との関係が趣旨として明記されているわけではなく、あくまでも映画の著作物であればただちに頒布権が認められるという書き方になっていた**ことには注意が必要でしょう。

逆に言えば、本やCDにはこのような権利が認められていないので、著作者たちがどれだけ中古販売に反発しても、それを法的な請求に結び付けることは困難だったということになりますね。

10 権利は消滅するか？

この点が③で扱われることになります。確認したように、当時の一般的な映画の場合、たしかに一般消費者は作品を楽しむのですが、複製物としての映画フィルム自体を手にすることはありません。フィルムは映画館から映画館へと流通していき、最終的には旧作映画を多く所蔵していて継続的に上映する「名画座」と呼ばれるような劇場へとたどり着くか、廃棄されることになりました。

しかしゲームソフトはそうではなく、消費者が購入して楽しむのが普通です。その意味では同様に大量複製・流通する本やＣＤと変わるところはありませんから、頒布権のように特別な保護は必要ないのではないかとも思われます。また著作者へ還元される利益についても、個々のソフトが新品として販売された段階で回収されているのではないかと思えます。

この点に注目し、当初は頒布権があったとしても途中で消えてなくなる、具体的には消費者への販売が行なわれた時点で権利の効力がなくなるという主張が、中古ゲーム販売業者の側からはなされました。

――権利を消滅させるような規定があるのですか？

ありません。正確には、著作権法にはありませんでした。

中古ゲーム販売業者たちが参照したのは、特許法（昭和三四年法律一二一号）に存在した考え方です。特許権は発明を保護するための制度で、その成立が認められた場合、権利者は「業として特許発明の実施をする権利を専有」します（六八条本文）。ここからは、たとえば特許を受けた技術が製品化され、権利者が製造販売した場合でも、その製品を利用すること自体が「特許発明の実施」ですから、「業」である場合には権利者から許諾を受けなくてはならないということになります。しかしこれでは市販の製品を購入しても安心して利用できないことになって不合理ですし、一般的には特許に相当する新規性に対応するだけ市販価格が引き上げられているだろうことを考えればそこから必要な利益はすでに得られていると考えることができ、それ以上のコントロールを与えることは不要でしょう。

このため、**権利者が適正に販売した製品についてはその時点で知的財産権が十分に行使されており、それによって消え去るので（消尽）、消費者に対してそれ以上の権利は主張できない**という考え方が確立されました。これを**消尽理論**と言います。中古ゲーム販売業者の側では、これと同じ理屈がゲームソフトについても成り立つので、特許権と同様に著作権（の一部である頒布権）についても消え去るべきだと主張したわけです。

11　四者四様のパズル

さて、実際の裁判所の判断がどうなったかを見ていきましょう。

まず過去の判例から①を肯定、条文から②を肯定し、③を否定するための消尽理論については制定法の裏付けがないと考えると、頒布権が現に存在して有効である以上、権利者の同意なく譲渡・貸与はできないという結論になるはずです。このように、ある意味では法的に極めて素直な結論にいたったのが、大阪訴訟の第一審判決でした（大阪地裁判決平成一一年一〇月七日）。

——法的には素直かもしれませんが、結論には納得がいかない気がします。やはりゲームソフトと本やCDのあいだに製品あるいは知的財産としての本質的な違いなどないように感じますし、にもかかわらず法的な扱いがまったく違うというのは不合理ではないでしょうか。

やはりそう思う人が多いのだと思います。実際、大阪地裁判決も結論の部分で、「立法論としては異論があり得る」と述べているのですね。もちろん、そう思う人々が多数を占めるのであれば明示的に著作権法を改正するといった対応が考えられるわけですが、当面の訴訟には間に合いません。中古ゲーム販売を合法と位置付けるという、多くの人の直観にかなうような結論を出そうとすれば、確認した論点①②③のどこかでそれを実現しなければならないということになりそうです。

まず①を否定し、ゲームと映画の本質的な性格が異なるので「映画の著作物」にあたらないとしたのが東京訴訟の第一審判決です（東京地裁判決平成一一年五月二七日）。すると頒布権も当然に認められなくなるので、中古流通をコントロールすることもできません。結論に不服なゲーム会社側が控訴し、中古ゲーム販売業者側が控訴した大阪訴訟と並んで事態は高裁段階に移ります。

先例に矛盾するという理由で東京地裁判決を否定する一方、大量複製・流通するゲームソフトは「映画の著作物」だが頒布権の対象となる「複製物」にあたらないと判断したのが、東京訴訟の控訴審（東京高裁判決平成一三年三月二七日）です。前述した配給制度の対象となるようなものだけが、著作権法二六条一項にいう「複製物」なのだと、限定解釈すべきだというのですね。②を否定したわけですが、すでに確認したとおりそのような趣旨が著作権法の明文に書かれているわけではないという問題点が、これについては考えられます。

これらに対し、中古ゲーム販売業者側敗訴の一審判決を否定する一方で①②を認め、しかし消尽理論を認めることで③を否定したのが大阪訴訟の控訴審判決（大阪高裁判決平成一三年三月二九日）です。

結果的に、

- ①②③肯定――中古ゲーム違法（大阪地裁）
- ①否定（東京地裁）
- ②否定　中古ゲーム合法（東京高裁）
- ③否定（大阪高裁）

という四種類の異なる判決が、下級審で出揃うことになりました。もちろんゲーム会社としては、根拠はどうであれどちらの高裁判決でも敗訴していますから、不服として最高裁へと上告することになります。

12 最高裁の結論

――結果的には大阪高裁判決が採用されたのですね。

そういうことになります（最高裁判決平成一四年四月二五日）。最高裁は、第一にゲームの内容が「コンピュータ・グラフィックスを駆使するなどして、動画の影像もリアルな連続的な動きを持ったものであり、影像に連動された効果音や背景音楽とも相まって臨場感を高めるなどの工夫がされており、アニメーション映画の技法を使用して、創作的に表現されている」との理由から映画の著作物にあたるとし、である以上は著作権者が頒布権を専有することも認められると判断しました（①②）。

その上で、「著作権法による著作権者の権利の保護は、社会公共の利益との調和の下において実現されなければならない」ところ、一般的に商品の譲渡にあたっては譲渡する側の権利が購入する側へと移転するものだし、著作物の場合も「譲受人が当該目的物につき自由に再譲渡をすることができる権利を取得することを前提として、取引行為が行われる」。これに著作権者の許諾がいちいち必要になると解すれば市場における商品の自由な流通が妨げられる結果、著作権者の利益もかえって減少する可能性が高いという理由から、特許権の場合における消尽理論が「著作物又はその複製物を譲渡する場合にも、原則として妥当する」と判断しています。

しかしここで最高裁が述べていることは、やや悪く取って表現するならば、

- 中古ゲーム販売を合法だと判断する実定法上の根拠はない
- しかし違法だと判断すると、公共の利益を大きく損なう結果になる
- そこで他の法律の「考え方」を輸入して適切な結果を導くことにする

ということになるのではないでしょうか。問題は、途中で「社会公共の利益」や著作者自身の利益がどのように変動するかという予想が根拠として用いられているところ、**これを裁判所が行なう民主的な正統性（democratic legitimacy）はどこにあるのか**ということになろうかと思います。

――「正統性」ですか？

はい。そのような判断をする資格自体があるのか、正しい地位に基づいているかを意味する概念で、内容が結果的に正しいという「正当性」とは異なります。

すでに述べたとおり〔第1章2〕、具体的な利益をめぐって争われる「法律上の争訟」を裁く権限は、憲法・裁判所法によって裁判所に委ねられています。たとえば夫婦間の離婚が認められるべきかそうでないのか、借金を返す義務があるのかないのかを個別具体的な事例で裁判所が判断することには正統性があるし、たとえば警察が勝手に決めてしまうとすれば――その結論が法的に正当かとは無関係に――正統性がないということになるでしょう。

しかし問題はここで最高裁が、ゲーム会社と中古販売業者のあいだの権利義務関係をめぐる争いを超えて、何が社会全体にとっての良い状態でありそれを実現するためにはどうすべきかについて判断しているように見える、という点にあります。この点についてはまた考えますが〔第8章11〕、どのような統治のあり方を望むかは典型的には選挙を通じて、政治プロセスの内部で決定されるべきことではなかったか、それこそが「国民主権」という理念の意味ではなかったか、という批判が考えられるところなのですね。

13　立法的解決と正統性の問題

少しこの後の話をしましょう。実はこの訴訟が行なわれているのと同時期に、著作権規制の国際的ハーモナイゼーションが進んでいました。著作物が世界中に流通し利用されるようになってきたので、各国の法制度がバラバラなままだとその障害になります。そこで国際条約によって大枠を決め、各国がそれに従った法整備を進めることが期待されました。具体的には一九九六年に「著作権に関する世界知的所有権機関条約」（ＷＣＴ）が制定され、特にインターネットなど情報技術の進歩に対応した内容が盛り込まれました。二〇〇二年に効力発生し、日本もその当初から加盟しています。

さて問題はその条約の六条に「譲渡権」として、映画の著作物の頒布権に相当する権利が盛り込まれた点にあります。著作者は「著作物の原作品及び複製物について、販売その他の譲渡により公衆への供与を許諾する排他的権利を享有する」というのですね（一項）。ここでは消費者への最初の販売とそれ以降の流通は区別されておらず、中古市場であっても譲渡権による許諾を得る必要があるということになるでしょう。

ところが同時に同条二項は、「原作品又は複製物の販売その他の譲渡（……）が最初に行われた後における（1）の権利〔同条一項に定める譲渡権〕の消尽について、締約国が自由にその条件を定めることを妨げるものではない」（補足は引用者）と定めており、譲渡権を消尽させるかどうかを各加盟国の判断に委ねました。映画に限らず著作物すべてに対して譲渡権（に相当するもの）を導入することは条約の求める義務ですが、それに対して消尽理論を適用するかどうかは各国が自由に立法すればよく、条約としては関与しないというわけです。

——それはなぜですか？

はっきりとは言えませんが、結果予測と価値判断の問題に関わるからとするのがスタンダードな答でしょう。つまり、中古市場を認めたことによって新品の販売数が落ち込むことになるのか、安心して売れるので気軽に買う結果として販売数が伸びるのか、誰にもあらかじめ確実に言うことはできません。さらに言えば、たとえば多くの著作物を輸入している発展途上国の場合——自国で映画制作ができないのでハリウッド作品ばかりを見ている国を想定してください——新品が売れた利益の多くはアメリカの映画会社に入るでしょうが、中古市場は国内にあり、流通業者の利益になるかもしれません。どのような法規制が誰にどのような利益をもたらすかは複雑な問題ですし、海外の会社であっても国民の喜ぶ作品を多く供給してくれるのだから儲けさせてあげようという立場もあれば、国内産業を保護していつの日か自国の映画作品を作るのだという意見もあるでしょう。

このように複雑な予想に基づく多様な意見が社会に存在するとき、それを一定の制度へと変換す

ることを一般的には政治と呼ぶのだ、という気がします。具体的には選挙と立法というのがその手段ですが、社会に存在する多様な利害や意見対立を集約し、議会における立法へと結び付けていくわけですね。そう考えるならば、**何がどうなると予想されるか・そのとき何を重要なものだと考えるかという政治の判断を、中古ゲーム訴訟では裁判所が代わりに行なってしまっている**のではないか、というわけです。

――それは悪いことなのでしょうか。

さて、そこが問題です。まず条約自体からは、中古ゲーム販売についても立法政策次第だという結論しか出てきません。条約を守るために一般的な譲渡権を導入するだけで済ませればその結果として中古ゲーム販売は違法ということになるでしょうし、同時に消尽理論を採用すれば合法だということになります。条約の観点からは、ある意味で裁判自体の結論がどうなろうが立法で上書きされるし、そうしなくてはならないという状況になったわけです。

ところが現実には、一九九九年の著作権法改正で二六条の二を新設し、その一項で一般的な譲渡権を導入するとともに、二項で譲渡権が消尽することを認めたのですが、その規定は「映画の著作物を除く」ことになっています。頒布権を定めた二六条には手を加えず、それが消尽するかどうかを含めて訴訟に委ねたということになるでしょうか。**ここではむしろ、立法権を独占しているはずの議会の方が遠慮している**のです。それでもなお、司法は立法に対して消極的だ、正義を実現するために立法の問題を積極的に解決することができていないと、決めてかかることができるのでしょうか。

第３章　裁判所は万能ではない――定数是正訴訟と救済の限界

《この章で扱うこと》
・定数是正訴訟は法が本来予定していた制度ではない
・裁判を通じて定数問題の解決を図ることは困難である
・無理な解決は立法府と司法府の関係、さらには憲法体制全体の危機を招く

1　定数是正訴訟で何が変わったか

――それでもやはり、裁判所が消極的だとしか言いようがないように思われる事例が気にかかります。自衛隊の合憲性をめぐる問題もそうですが、国会議員の選挙における「一票の格差」をめぐる問題などは、その典型ではないでしょうか。

二〇一六年の参議院選挙は、これまで都道府県を単位としていた選挙区について、複数の県

を合わせて一つの選挙区にする「合区」の制度をはじめて取り入れました。それでも「一票の格差」の問題は大きく、全国でその点を問題にする訴訟が起きています（二〇一七年九月二七日、最高裁において「合憲」との判断）。選挙のたびに同様の訴訟が繰り返されていますし、定数配分を憲法違反とした判決も複数あるはずですが、状況は一向に変わらないようです。いったい何が問題なのでしょうか。

問題の構図は衆議院でも同じですね。二〇一二年一二月に行なわれた衆議院の総選挙（第四六回）でも、定数配分が憲法に違反しているとして選挙の無効を求める訴えが全国各地で起こされました。次々と高裁判決（第一審）が下されたのですが、そのうち広島高等裁判所判決（二〇一三年三月二五日）、広島高等裁判所岡山支部判決（同二六日）が選挙を無効にするという判断を示したことは話題になりました。

——はい、しかしそれらの訴訟を含めて、最高裁では「違憲状態」という判断に引き下げられ、選挙の無効も認められませんでした（最高裁判決平成二五年一一月二〇日）。一つ前の総選挙（第四五回）の定数配分については、すでに違憲状態にあると判断されており（最高裁判決平成二三年三月二三日）、この選挙の直前に、いわゆる「〇増五減」の定数是正を実現する法改正は成立していましたが（平成二四年法律九五号）、周知が間に合わないとしてこの選挙には適用されませんでした。定数配分が憲法上問題のある状態だということが確定している状況であえて選挙が選択されたのに無効にならないのでは、裁判をしても意味がないのではないでしょうか。そもそも選挙が無効にされるようなことがあり得るのでしょうか。

たしかに、いわゆる定数是正訴訟は一九六二年から繰り返し起こされていますが、選挙を無効にするという下級審の判断が出たのもはじめてでしたし、確定して実際に無効になったことは一度もありませんね。そうならないように議会が自主的に定数是正に取り組んでいるというわけでもないようです。

しかし、そもそもどうして定数是正は重要な問題なのですか？

——一票の価値の平等を損なうからです。憲法一四条一項に法の下の平等が定められていますが、どこに住んでいようと日本国民としては平等ですから、国政に対する影響力も等しく持つべきです。

なるほど。しかしたとえばアメリカの連邦議会上院は、どんなに人口が異なっていても州ごとに二人が選ばれますが、それが法の下の平等に反するとは考えられていないようです。どんな人であれ国民であれば一票を持ち・一票しか持たない（衆参両院とも選挙区と比例代表がありますからそれぞれの選挙制度ごとに一票ですけどね……）、それが「一票の価値の平等」だと言ってはいけないのでしょうか。

あるいは、小選挙区ごとの有権者の人数を等しくしたとしても、実際の投票率は違いますね。選挙区Aの投票率が六〇%、選挙区Bは三〇%だったとすると、選挙区Bの有権者は選挙区Aに対して二倍の影響力を持った、ということにはならないでしょうか。

さらに、それぞれの選挙区で実際に当選した候補者が得た票数も異なるはずですね。たとえば二〇万票を得て当選した議員と五万票を得た議員が同じ議決権を国会で得ることができるというのは、不平等ではないのでしょうか。

2 「平等」の意味

ポイントは、**「選ばれる議員一人あたりの有権者の数」を基準にし、現実に投票した人数や個々の議員が得た得票数は考慮しないという考え方は、唯一絶対のものではない**ということです。それどころか、日本国憲法とそれを前提に制定された戦後の公職選挙法(昭和二五年法律一〇〇号)は、そのような考え方を採用することをそもそも予定していなかったと考えられます。

——どうしてそう言えるのですか?

ではまず、定数是正訴訟と言われるものが実際には何なのかを確認することから始めましょう。

さきほど確認しましたが、一回の選挙に対して複数の訴訟が提起されていますね。たとえば二〇一六年七月の参議院選挙に関しては、全国で一六の訴訟が起こされました。それはなぜですか。まったく異なる人たちが別々に訴訟を起こしているのでしょうか。

——いいえ、少なくとも複数の弁護士さんがすべての訴訟に関与しているようですし、一定のつながりはあるように思います。なのに訴訟が複数起こされているのは、公職選挙法の二〇四条に定められた「衆議院議員又は参議院議員の選挙の効力に関する訴訟」だからではないでしょうか。

そのとおりです。すでに説明したとおり〔第1章5〕、訴訟を起こすことができるのは基本的に、自分の権利や利益に対して何らかの損害が発生したときだけでしたね（主観訴訟）。その観点から考えると、ある特定の選挙が不正に行なわれたとしても誰か特定の個人に損害が発生するとは考えにくいですから、それを訴訟で正すことはできないということになりそうです。

しかしそれでは、たとえば政権政党と行政とが結託して不正選挙を行なったような場合の是正が誰にもできないことになってしまうでしょう。そこで、個人の権利利益の保護ではなく、客観的な法秩序の正当性を守るための訴訟を提起することが、行政事件訴訟法（昭和三七年法律一三九号）四二条によって認められています（客観訴訟）。ただしこれは一般的な「法律上の争訟」（裁判所法三条一項）ではありませんから、そのような訴訟が可能であるということを定めた特別の法規定が必要になります。

その一例がこの選挙訴訟ですが、ではその要件や効果はどのようになっていますか。

――はい、選挙の効力に異議がある場合、当該選挙から三〇日以内に高等裁判所に提起されます。たとえば衆議院小選挙区の場合には、原告は選挙人（有権者のこと）または候補者・候補者届出政党、被告は選挙区のある都道府県の選挙管理委員会です。効力については二〇五条が規定していますが、「選挙の規定に違反」があれば「選挙の結果に異動を及ぼす虞《おそれ》がある場合に限り」、裁判所は選挙の全部または一部を無効とすることになっています。その結果として当選人がなくなったか、定数に達しなくなった場合には、再選挙が行なわれます（一〇九条四号）。

だから今回の一連の訴訟でも、各選挙区の有権者を原告とする訴訟が、それぞれを管轄する高等裁判所に提起されていますし、それぞれが対象としている選挙区における選挙の無効が直接の請求内容になっているわけですね。

ところで、では仮にそのうちいくつかの訴訟で（二〇一三年の広島高裁判決のように）原告勝訴の判決が出たとしましょう。どうなりますか。

――その訴訟の対象となった選挙区の選挙が無効になり、再選挙が行なわれることになるはずです。

それで問題は、一部分であれ解決しますか。

――しませんよね。衆議院なら現時点（二〇一七年六月の選挙区改正）で二八九の小選挙区、参議院なら四七都道府県をもとに設定された選挙区（うち二組の県が合区）のあいだでの定数の配分が問題なのですから、そのうち特定の選挙区で選挙をやり直しても同じ結果にしかならないはずです。問題を解決するためには、全国を対象として定数配分をやり直し、もう一度すべての選挙をやり直す必要があるはずですが……

選挙訴訟はそのような救済を用意してはいませんね。つまり、制度設計の時点で想定されていたのは特定選挙区の再選挙で解決できるような問題、具体的には手続ミスで特定候補者が除外されてしまったとか、有権者の大規模な買収が露見したような場合だということになるでしょう。憲法学者の安念潤司先生も、二〇四条に定められた選挙訴訟はもともと選挙実施に問題があった場合を想定した対応だったと指摘しています（「いわゆる定数訴訟について（一）」『成蹊法学』二四号（一九八六）一八一―二〇四頁）。定数是正訴訟のように全体としてのバランスや他の選挙区との格差を問題にするための制度では、明らかにないのですね。定数配分の不均衡によって起こり得る問題を是正する手段が用意されていないということは、それが当初は問題と考えられていなかったということを示す一つの証拠だと言えるでしょう。

つまり事実の問題として言うならば、「一票の平等」というのは**もともとすべての人が一票を投じる権利を持ち、かつ一票を超えては権利を持たないということを意味していた**のでしょう。

このような形式的平等性も、たとえば一九四八年までのイギリスにおいて一人の人間が財産を持つ複数の選挙区で投票することが認められていたり、大学関係者には特別の大学選挙区でも投票することが認められてきたという歴史的経緯を考えれば、無意味なわけではありません。イギリスで一九世紀に三次にわたって行なわれた選挙法改正については、有権者の範囲をまず都市部の中産階級へ拡大し(第一次・一八三二)、次に都市の労働者と商工業者へ(第二次・一八六七)、さらに農村の労働者へと拡大することによって(第三次・一八八四)、最終的には一九一八年に実現する男子普通選挙・一九二八年の男女普通選挙につながったという側面の方が一般的には注目されます。もちろんこれに並行して、あまりに均衡を逸した選挙区定数の是正も行なわれています。しかしそれだけではなく、さきほど述べたような複数投票制が廃止されることで、「一人一票の原則」が実現したことにも注意する必要があるでしょう。

3　合理的な期間と裁量権

――経緯としてはそうだとしても、**すでに最高裁は、一票の持つ価値が重要だと判断していた**はずです。その前提に立って、定数配分が憲法違反の状態だということが明確なのであれば、にもかかわらず行なわれた選挙は自動的に憲法違反になるのではないですか?

こんな例を考えてみましょう。衆議院が解散され、衆議院総選挙が公示されるまでのあいだにある選挙区を巨大災害が襲い、有権者の過半数が死亡したとします。公示時点での有権者数を基準にすると定数の大きな不均衡が生じ、当該選挙区と、もっとも有権者の多い選挙区との格差が三倍を超えるとすると、これは憲法に違反した状態だと考えられるでしょう。しかしもちろん衆議院解散の時点で、一般的な手段により定数配分を修正することはできなくなっています。さて、この選挙は憲法に違反して行なわれたことになるでしょうか。

ここでの**論点は、修正のための合理的な期間**ということになります。そもそも立法府は、憲法の求める政策をいつ・どのような形で実現するかについて自由に判断する裁量権を持っています。たとえば憲法二五条一項は「すべて国民は、健康で文化的な最低限度の生活を営む権利を有する」と定めていますが、この権利を実現する方法については、立法府が原則として自由に決めることができます。だから、現状のように金銭を直接に給付するような生活保護制度もあり得るし、現物給付やバウチャー制度を選択することも、それ自体として不当だということにはなりません。このような裁量性を認めた判断の典型が、いわゆる朝日訴訟の最高裁判決（最高裁判決昭和四二年五月二四日）でしたね。

——はい。生活保護制度によって受給していた生活扶助の金額が低すぎ、「健康で文化的な最低限度の生活」を保障する水準に達していないので憲法に違反するとして、原告が行政訴訟を提起した事案です。最高裁での審理の途中で原告が死去したことにより、裁判自体は終結したと判断されましたが、判決文で「なお、念のために」として行政の裁量に関する判断が示されました。憲法二五条一項は国民が「健康で文化的な最低限度の生活」を営むことができるように国政を運営することを国の責務として定めたものだが、個々の国民に具体的な権利を保障したものではない、「健康で文化的な最低限度の生活」の内容についての具体的な判断は、当時の所管であった厚生大臣の裁量に委ねられているという趣旨でした。

「プログラム規定説」と呼ばれた考え方ですね。もちろん「厚生大臣の合目的的な裁量」（強調は引用者）としているように、目的実現にまったく反するような判断までが許されているわけではありませんから、最高裁としてもそのような場合には憲法違反の問題が生じるとしています（裁量権の逸脱）。たとえば現物給付制度を採用したことによって「健康で文化的な最低限度の生活」が実質的に享受できなくなるような状況が発生したとすれば、人権保障という目的を逸脱しており裁量権の濫用にあたると言うこともできるでしょう。適切な制度を設計したり、それを立法作業を通じて実現するためにも一定の時間が当然に必要になりますから、それによって説明可能な「合理的な期間」を超えて立法が行なわれなかった場合（不作為）には、やはり裁量の範囲を逸脱しているという判断が可能になるでしょう。

特に、選挙区の定数配分のようなケースでは複雑な問題が生じます。仮に一定の基準に基づいて定数を配分したとしても出生・死亡・転居などの人口移動によって基礎となる数字自体が変動してしまいますし、それをリアルタイムで把握することはできません。このような場合にいつの時点で憲法違反になったかを判断することは困難ですから、たとえば定数配分訴訟の先駆的事例においても「人口の変動の状態をも考慮して合理的期間内における是正が憲法上要求されていると考えられるのにそれが行われない場合に始めて憲法違反と断ぜられるべきもの」（最高裁判決昭和五一年四月一四日）だと判示されてきました。

近年の裁判にも「合憲」「違憲だが選挙は無効にしない」という判断以外に、「違憲状態」と呼ばれる結論が見られましたね。それは選挙当時の定数配分の状況が一定の基準を逸脱しており合憲性に問題があるが、その是正のために認められる合理的な期間を超過しているとは言えないという意味の判断なのです。

——しかし、ここで問題になっている衆議院の事例では十分な期間があったのではないでしょうか。

そうですね。すでに見たように、二〇一一年の三月に、第四五回衆議院総選挙の定数配分が「違憲状態」であったと最高裁が判断しています。ここから第四六回総選挙に向けた衆議院解散までの約一年八ヶ月という期間をどのように考えるかという問題です。

衆議院の場合、この問題はおよそ三百ある小選挙区の区割り変更によって、基本的には行なわれます。最高裁判決の求める内容を最低限であれ実現するとか、少なくともそれに近付けるための一定の努力もできないというほど短い期間だと言うことはできないでしょうね。実際にも、最低限の修正内容のみを実現する弥縫的な改正法案は、すでに二〇一二年六～七月の時点で国会に提出されていますから、その後すぐに可決成立されていたとすれば、それに基づく区割り作業が第四六回総選挙に間に合った可能性は十分にあるでしょう。「合理的期間」の問題から違憲性を否定するのはやや難しい、ということになりそうです。実際に最高裁の判断も「違憲状態」でした。

4 救済をめぐる問題

――裁量権の問題を考えても違憲性が否定できないのであれば、裁判を通じてその是正を試みるべきだったのではないでしょうか。

憲法九八条一項――「この憲法は、国の最高法規であつて、その条規に反する法律、命令、詔勅及び国務に関するその他の行為の全部又は一部は、その効力を有しない」――の理念からすればそうですね。では裁判所はどのような救済を与えればいいのでしょう。

――たとえば刑法（明治四〇年法律四五号）の尊属殺人罪（二〇〇条（当時））については違憲無効判決が出されました（最高裁判決昭和四八年四月四日）。その事件以降、一九九五年の刑法改正で実際に削除されるまでのあいだ、刑法二〇〇条が使われることはありませんでした。

もう少し正確に考えましょう。まず問題となった事件はどのような結論になったのですか。

――懲役二年六月、執行猶予三年でした。

そうですね。刑法一九九条の定める通常の殺人罪が適用されたわけです。一九九五年までの期間も同様で、検察が犯罪を起訴するとき、二〇〇条を根拠とすることを自主的に避け、一九九条を用いました。第一に、裁判の効力は法的にはその事件にしか及びませんから、問題になった事件について違憲無効との判断が示されたからといって自動的にその条文がなくなったり効力を失ったりするわけではありません。

第二に、二〇〇条を違憲として排除したとしてもその部分に適用すべき法が存在しなくなるわけではありません。尊属殺人の事例では一九九条がそこに対応するものとして適用されることになりましたが、仮にそのような条文がなかったとすれば、その場合にはじめて、処罰の根拠が存在しないから不可罰という結論が法的に導かれることになるでしょう。

では定数是正訴訟の場合に「無効」という結論は、どのような状態を作り出すのでしょうか。すでに、訴訟の対象となった選挙区の再選挙が解決策にならないことは確認しましたね。

5　選挙全体の無効？

――対象となっている選挙区だけではなく、選挙全体の無効を宣告することに踏み込むというのはどうでしょう。

まず、それが原告の請求内容と異なるという点から考える必要があるでしょうね。すでに述べたとおり〔第1章8〕、裁判とはあくまで原告側が求めた内容の強制をどこまで認めるかを決めるための制度であり、当事者の主張とは無関係に・裁判官の信じる正義を実現するためのものではありません。そのように一般的な裁判制度の理解に立つのであれば、たとえそのような解決だけが本質的な問題解決を可能にするとしても、原告による訴えの内容を無視して勝手に裁判所がそのような結論に踏み込むことは許されないと考えるべきでしょう。

また、それを認める実定法上の根拠がどこにあるかも問題になります。確認したとおり、公職選挙法の二〇四・二〇五条は選挙全体に対する措置を認めたものではありません。客観訴訟としての選挙訴訟の枠組みからすると、結果として命じ得る救済についても法定のもの、根拠規定に定められているものに限られていると理解すべきではないでしょうか。

――でも、だから何も打つ手がないというのは憲法九八条一項の精神に反するような気がします。定数配分のあるべき状態を実現する手段をどうにか考えるべきではないのでしょうか。

では仮に選挙全体を無効にしたとしましょう。次にどのような事態が生じますか。

――すべての選挙区について、選挙をやり直すことになると思います。もちろんその前に定数配分をやり直して、適切な選挙区割りを実現する必要がありますが。

その新たな選挙区割りは誰がどのように定めればいいでしょう。すでに指摘しましたが、選挙の区割りはそれ自体の根拠を公職選挙法に置いています。何らかの方法で適切と思われる区割りが導かれたとして、しかしそれを公職選挙法に盛り込む改正が必要になります。

ところでいま、選挙全体を無効にしたと想定したのでしたね。すると、素直に解釈すれば前回の選挙全体がその効力を失ったわけですから、その結果である当選資格も失われるでしょうし、ということは現在の衆議院議員たちが身分を失うことになるはずです。衆議院議員が一人もいないのに、どうやって法改正を行なえばいいでしょうか。

――選挙が無効ならそれによる新たな議員も誕生しなかったことになるのですから、選挙前の議員が戻ってきて審議を行なえばいいのではないでしょうか。

憲法四五条を確認しましょう。衆議院の場合、解散された時点で議員の任期が終了し、全員がその身分を失うことになっています。選挙報道などを見ても、参院選には現職・前職・元職・新人という四種類の候補者があり得ることになっていますが、衆院選の場合には元職と前職と新人しかいないのです。仮にその後の選挙が無効になったとしても衆院解散の効力自体に影響が生じるわけはありませんから、解散前の議員を戻すことはできません。

6 緊急集会？

――参議院の緊急集会ではどうでしょうか。憲法五四条二項で「国に緊急の必要があるとき」には立法権を行使できることになっています。

第一に、あくまで緊急事態への対応として定められているもので、選挙無効のような事態がそれに当たるかどうかが問題になるでしょう。特に、緊急集会で対応することを想定して出された選挙無効判決のように、人為的に作り出された緊急事態を認めるべきかということが問題になるはずです。

第二に、緊急集会が国会の職務を果たすことができるのはたしかですが、あくまで臨時措置であり、次の国会の開会後一〇日以内に衆議院の同意が得られない場合にはその効力を失いますね。緊急集会で区割り変更を盛り込んだ公職選挙法改正を行ない、衆院選をやり直して新たな議員集団を選んで開会された国会で衆議院が同意案を否決したとすると、きわめて厄介な事態に陥るでしょう。同意が得られなかったのだから公職選挙法改正は無効であり、したがってそれにより行なわれた選挙も無効であり、すると選ばれた議員たちは適切な資格を持っていませんから同意案否決もその効力を持たず、すると緊急集会による法改正が有効なので選挙が有効になり新議員が適切な資格を持つので不同意が有効になるから公職選挙法改正が無効であり……というわけですね。もちろん現実には、当選した議員たちがみんなでその選挙を無効にしたがるとは考えにくいですし、揉めているあいだに「一〇日」という期間が過ぎてしまえば効力を失う方に確定しますから、あまり問題にはならないでしょうが。

もう一つ、パズルをしましょう。その緊急集会は誰が開催を求め、議案を提出するのですか。

――憲法の規定上は「内閣」ということになります。

ところで、第四六回総選挙のあとの内閣（安倍第二次内閣）はまさにその選挙で政権交代が実現した結果として誕生した政権ですよね。衆参両院、特に憲法上も優越した地位にある衆議院により内閣総理大臣として指名されたことによって政権の正統性が成立していると考えれば、その基礎である衆議院を生み出した選挙が無効になれば首相指名もそこから構成された内閣もその地位を失うと考えるのが自然ではないでしょうか。

その前の野田（第三次改造）内閣を復活させればいいかと思っても、二〇一二年一二月二六日に総辞職してしまっています。法改正を行なおうにも、そのための手段がまったく起動しないということになりそうですね。

——一二月二六日の総辞職はあくまで先行する第四六回総選挙が有効であることを前提として・憲法七〇条の規定に従って行なわれたものですから、前提が崩れれば無効になると理解することはできないでしょうか。あるいは憲法七一条により、新内閣の成立まで引き続きその職務を行なっていると考えることもできそうです。どちらの場合も、復活した野田内閣が緊急集会の開催を求めて公職選挙法を改正することができるのではないかと思います。

パズルとしては一応の解法がありそうですね。すると本質的な問題は、その方がより優れた民主的正当性・正統性をもたらすかということになるでしょう。ここでの選択肢は、以下のようになります。

（A）バランスの悪い選挙区割りによって選出された衆議院を基盤として成立した内閣という、正統性に問題のある立法府・行政府に改革を委ねる。ただし少なくとも現時点において内閣への国民の支持は極めて高く、「人民の支持する改革」という正当性は調達できる可能性が高い。

（B）正統性に問題のある衆議院・内閣を排除し、残る参議院に改革を委ねる。ただしその構成員は二〇〇七年・二〇一〇年にそれぞれ半数ずつ選出されており、現在の民意とは非常に大きく乖離している可能性が高い。

このように正当性と正統性とが対立する状況において、(B)の方が民主政的に正しいとまで言い切ることができるか。これが選挙全体の無効という選択肢を考えた場合に裁判所が直面する問いだということになります。

付け加えれば、衆議院ヌキでの法改正を考えたとき、それを担う「残る参議院」も二〇一〇年の第二二回通常選挙における定数配分が憲法違反の状態にあり、「都道府県を単位として各選挙区の定数を設定する現行の方式をしかるべき形で改めるなど、現行の選管制度の仕組み自体の見直しを内容とする立法的措置を講じ、できるだけ速やかに(……)不平等状態を解消する必要がある」と指摘されている状況でしたね(最高裁判決平成二四年一〇月一七日)。それ自身の正統性も危うい参議院に改革を委ね、国民から支持されている内閣を葬り去るようなことが許されるかどうか。すでに述べたような裁判制度が背負っている制約の問題を除いて考えたとしても、相当に悩ましい事態だということになるのではないでしょうか。

7　具体的な判決の評価

さて、このように考えてくると結局、対象選挙区のみを考えるのであれ全体を考えるのであれ、「無効」という判断をするだけでは決して良い結果に結び付かないだろうと予測できますね。(一)

定数配分が「違憲状態」にあり、(二)制度改正に必要な合理的な期間を逸脱して「違憲」になりそうなのだが、(三)結論としては「無効」を出せないとすれば、その中間をどうにかして埋める必要が出てくるでしょう。「事情判決」の法理は、そのための手段として出てきたものだと考えることができます。

——無効にした場合の結果として生じる混乱が非常に大きいため、やむを得ず違憲性の宣告にとどめるといういつもの手段ですね。でも今回の事例では、問題を(二)で解決するために「合理的期間」内だから「違憲状態」だという指摘にとどめた名古屋高裁判決(二〇一三年三月一四日)・福岡高裁判決(同一八日)もありますが、無効判断に踏み出した広島高裁判決(三月二五日)・同岡山支部判決(同二六日)も出てきました。

まず前者について検討しましょう。一つの根拠は、国会が「〇増五減」案など一定の改革に取り組んだことですね。名古屋高裁はさらに、「ねじれ国会」状況では国会における合意形成が難しくなるので、制度改正などに相当の期間が必要になることにも言及しています。これに対しては原告団が、「ねじれ国会」は憲法上いつでも起き得る事態なのにそれを理由として違憲状態を放置することが認められないのはおかしいという趣旨の批判を加えています。そのとおりではありますが、ねじれが発生すると脱出困難になるような議会制度はそれ自体が憲法によって立法府に課された制約ですから、そこから生じる問題に対して立法府だけが責任を負えと要求するのも酷でしょう。

後者の違憲判決はどうでしょうか。たしかに、「違憲状態」の判示にとどめたり「違憲」だが事情判決により有効とするような判決に比べれば、司法府としての強いメッセージを送るものと言えそうです。しかし、仮にそのメッセージを真剣に受け止めたので上告を断念すると政府が言い出したら、何が起きるでしょう。

――らい予防法違憲訴訟で、当時の小泉純一郎首相が行なったような「政治的決断」ですね。

第一審（熊本地裁判決平成一三年五月一一日）は、ハンセン病の患者に対する強制隔離政策の根拠となった「らい予防法」が一九九六年まで廃止されなかったことから、一九六五年以降について国会の不作為による責任を認めました。しかし、これは逆に言えば一定の場合には国会が立法する責任が生じるとするものですから、国会を「国権の最高機関」と位置付ける憲法四一条との関係が問題になるところです。今回の岡山支部判決は岡山二区の選挙をただちに無効にするというものですから……

＊らい予防法違憲判決　一九九八年、ハンセン病患者に対し、病気が伝染する恐れがあるとして強制的に隔離することを定めた「らい予防法」（一九三一年制定、一九九六年に廃止）が違憲であるとして、療養所入所者らが起こした訴訟。熊本を始め、各地で訴訟が起こされた。

すでに見たとおり、現在の制度を前提とする限り、公職選挙法によって認められている対応は対象選挙区の再選挙しか考えられません。しかし有権者数が大きく変わるわけもなく、定数も変わらないわけですから、違憲状態が自動的に再現されることになります。違憲無効を宣告した判決の内容が本当に実現したら憲法違反の事態が生じるわけですが、これは判決として異常なものではないでしょうか。

広島一区・二区の選挙を、選挙制度改革関連法が施行されてから一年となる一一月二七日をもって無効とする広島高裁判決も、それまでに抜本的法改正が間に合わなかった場合には同じ結果になります。そして、判決からの約八ヶ月で必要となるような抜本改正が可能になる可能性は、きわめて低いでしょう。そもそも、広島高裁判決の対象となった広島一区（有権者数三一万四六〇〇人、以下有権者数は二〇一二年一二月一六日現在）と広島二区（三九万二八七七人）、岡山支部判決の対象となった岡山二区（二八万八二三五人）は、いずれももっとも有権者の少ない高知三区（二〇万四一九六人）を基準として、二倍以内におさまっている選挙区です（順に一・五四倍、一・九二倍、一・四一倍）。これらの選挙区だけを、あるいは一連の訴訟で対象となった三一選挙区の選挙結果をすべて無効・再選挙にしても、全体としての格差問題が解決しないことは言うまでもありません。

広島高裁判決が出た際、まさか無効判断までが出るとは思っていなかった原告団が「勝訴」の垂れ幕を用意しなかったというエピソードが、複数の新聞であたかも微笑ましいものであるかのように紹介されていました。しかしこのことが示唆しているのは、**原告団自身に勝つ気がなかったこと、勝った場合の法的な解決策がない以上勝てるはずがないと思っていたこと**ではないでしょうか。仮に、訴訟を通じて定数配分を実質的に修正することを少しでも真面目に考えていたのならば、もっとも有権者の多い千葉四区〈四九万五二一二人〉をまっさきに対象にすべきでしょうが、そのような訴訟は提起されていないのです。

要するに**この訴訟は「一票の価値が不平等である」という事態を訴訟という道具を用いてアピールし、可能ならば裁判所にも正当な主張だと認定させ、そのことをもって立法府にしかるべき立法措置を実現させることを狙った「政策形成訴訟」の一種**だということができます〔第5章2〕。だからこそ、本当に勝ったらどうするか、この特定の訴訟方式によって勝つことが問題の解決に結び付くかといったこと、要するに後始末の付け方についてはまったく考慮されていなかったということなのでしょう。

だとすれば、そんな訴訟を起こした方も無責任なら正面から肯定した裁判所は輪をかけて無責任だということにはならないでしょうか。両高裁の判決は「画期的」だとあちらこちらのメディアから評価されましたが、こういう言葉を思い浮かべるところではありますが――画期的に思えるアイディアの大半は、すでに思い付かれたが使いものにならなかったような陳腐なものにすぎない。

8　司法自身による制度設計

――裁判所自身が全国の選挙区割りをやり直すという可能性については、どうでしょうか。

アメリカでは実際にそのような措置が取られた例もあるようですね。日本でも、千葉勝美・元最高裁判事――裁判官出身で、最高裁の調査官・首席調査官としても定数是正訴訟に関与した経験を持つ方ですが――が近著でその可能性を示唆しています（『違憲審査―その焦点の定め方』（有斐閣、二〇一七）第一章）。

「立法府が判決を無視し、それに対する真摯な対応をしようとせず、国会の立法権の行使による適正な是正措置が到底期待できない状況が生ずるということは、通常は想定し難い」（同三〇頁）。しかし仮にそれが現実のものとなった場合には、憲法が定める立法府と司法府の関係や司法府の権限が無視されるという「それ自体が憲法の所期しない異常な状態」（同三一頁）にいたったということになるだろう。それは同時に、立法府も「憲法上認められている本来の権限行使ができない機能不全に陥っており、それを自ら回復することができない状態にある」（同四〇頁）ということでもある。

だから、このように憲法秩序が機能していない状況においては、最終的には司法府自らが立法的措置を講じることが、最小限度ではあれ、認められるべきだというのですね。それがなければ立法府による司法府の無視を最終的に是正することができず、憲法上定められた違憲立法審査権が無意味になってしまうということを考えれば、そのような立法権限は違憲立法審査権に内在するもの、「憲法秩序回復のための緊急避難ないし応急措置」（同四〇―四一頁）として認められるべきものだと。

しかしこれについては、現実と規範の両面から見て厳しいという評価にはなるでしょうか。

――現実というのは、作業の実質的な負担ということでしょうね。

はい。典型的なパターンとして衆議院小選挙区の「区割り」すなわち議員一名を選出する各選挙区にどの自治体を振り分けるかを決めることを考えると、各自治体（場合によってはその内部の区や町名の単位）の人口データをもとに、選挙区間の人口比率が一定の幅におさまるように調整する必要がありますから、その作業量は膨大です。そこで具体的には内閣府に「衆議院議員選挙区画定審議会」（通称　区割り審）が設置されており、その勧告に基づいて内閣が必要な法案を国会に提出することになっています（衆議院議員選挙区画定審議会設置法（平成六年法律三号））。おそらく実際の作業を担当しているのは審議会の構成員の方々ではなく事務局でしょうが、それにしても相当の労力・経験・知識が必要になるでしょう。

――知識も必要ですか？

たとえばですが、同じ県のなかでも歴史的・伝統的に大きな地域分けがあって相互の交流が乏しいというようなケースもあります。通勤圏や商業圏のように、人や物の流動がつながっている範囲で選挙区を作ることが自然だとすると、そのような地域実態に関する理解が欠かせないでしょう。それを裁判所は備えているのかという指摘はされるでしょうね。

この点について千葉裁判官は、都道府県ごとの選挙区数を定めるところまでは一定の計算方法（最大剰余方式）が定められているので、それに基づいて算出すればいい。しかしその先、個々の選挙区へと市町村（あるいはさらに細かい単位）を分割する段階については、「地域の実情等を踏まえた行政的裁量判断が必要になり、司法部が行うべき性質のものとはいえない」（同四二頁）というのですが、これは同時にできないという告白でもあるでしょう。

千葉裁判官は、「司法部としては、再選挙を行うための限度での対応で足りるので（……）無効とした選挙の選挙区割りが属する都道府県を全体として一つの選挙区として、割り振られた選挙区数をその選挙区における議員定数として選挙を行うべきことを関係機関に命ずるという再選挙実施命令を発出することになろう」（同四二頁）とも提案しています。

しかしこれは相当に乱暴な話で、たとえばある県から五つの小選挙区を通じて五人の議員が選出されるものを、五人を選ぶ中選挙区に変えてしまえという内容になっているように読めます。どのような選挙制度を選ぶかということ自体が結果として選ばれる議員の顔ぶれや傾向、そこから形成される政治全体のあり方を変化させるということ、だからこそそれ自体が政治における非常に大きなテーマになるということを考えたとき、とにかく同じ数だからいいだろう、一票の格差は是正できたはずだという提案はあまりにも政治的にナイーブなものに感じられます。

ならば事務局に協力させればいいというアイディアも出てくるかもしれませんが、さきほど言及した区割り審は構成・権限を含めて法律によって規定されている存在であり、委員の任命にも両議院の同意が必要となる、いわゆる国会同意人事です。そのように立法府と行政府の調整のうえに成り立っている存在に対して、ある種の非常措置であるとはいえ明文の根拠も持たないような命令を司法府が直接的に行なうことが許されるかという疑問は、当然に出てくるでしょう。

——ここで問題は規範、つまり司法権の範囲と権限に関係してくるのですね。

そうですね。普通に考えれば**選挙区割りは新たなルールの創造か改変にあたりますから、立法によって行なわれます。**もちろん政権与党が自分たちに都合のいいように妙な形の選挙区を作ってしまうような危険は知られてきたので（ゲリマンダリング）、実質的な作業を行政委員会などの中立的な第三者に委ねるといった方策は広く見られますが、司法が直接手を出してよいものかといえば、疑問の声も強くなるでしょう。

また、英米法のことを「判例法」とも言うように、正しい規範はあらかじめ存在しており具体的な事件を通じて裁判所がそれを発見していくのだという考え方（宣明説）が、イギリスやアメリカの歴史では強かったのですね。「法の支配」もそのように、たとえ人民の代表の手になる制定法であっても普遍的な正義に反するなら無視してよい、あるいは積極的に無効とすべきだという考え方を含みます。それを支えていたのが裁判所・裁判官の高い権威であったことは、言うまでもありません。

しかしすでに確認したとおり、**日本における司法権の中核は法的紛争の解決にあります。**アメリカでも立法権への侵害であるという批判のある積極的な規範形成に、我が国の司法府が打って出ることができるか、ということになるでしょう。千葉裁判官も「米国はいわゆる判例法の国であり、衡平法（エクイティー）の法理から司法部に一定程度の立法的対応をする権限が認められているのとは異なり、立法権を有しない我が国の司法部においてもそれが可能なのか」(同四三頁)という疑問に言及しています。千葉裁判官自身の結論は、前述のとおり最低限度であれば違憲立法審査権に内在的なものとして認められるべきだというものです。しかし、法理の有無・公式の権限配分の差異だけではなく、その背景にある民主的正統性の濃淡という点にどこまで自覚的なのかという疑問は持ちますね。この点に関する日米の対比については、また改めて論じます〔第8章10〕。

9 将来効判決の可能性?

——将来効判決という考え方自体はどうなのでしょうか。司法府自体が具体的な制度設計までは担当できないとすれば、一定の期限を明示してそれまでに対応するように立法府に強制するための手段としては有効なのではないかと思うのですが。

前述のとおり、広島高裁判決はそれを試みたものでもありますね。ここでは二つの議論を区別しましょう。第一に、この事例のような選挙訴訟について将来効判決を出すことが認められているのかどうか。第二に、一般的に将来効判決という手段を使うことを司法府の正常な機能として考えることができるかどうかです。

第一の論点から。公職選挙法二〇五条五項を見ると、比例代表区の場合に限っては、無効判決があっても再選挙の結果が新たに告示されるまでは従来の当選人決定が有効だと定められています。

すると逆に、小選挙区の場合は無効判決によってただちに当選の効力＝議員資格が失われると解釈するのが自然でしょう。将来効判決はこのような法令の趣旨に反するという懸念があります。

選挙訴訟に将来効判決を使うという考え方自体は、やはり一票の格差をめぐる一九八五年の最高裁判決で示されたものです（最高裁判決昭和六〇年七月一七日）。裁判官四名による補足意見は、定数是正訴訟があくまで公職選挙法二〇四条に定める選挙無効訴訟の形式を借りたものに過ぎず、二〇五条の内容に直接的には拘束されないという根拠に基づいて、その独自の性格から判決として下すべき内容についても別個に考える必要があると主張しました。「憲法によつて司法権にゆだねられた範囲内において、右訴訟を認めた目的と必要に即して、裁判所がこれを定めることができるものと考えられる」というわけですね。ここから同補足意見は「選挙を無効とするがその効果は一定期間経過後に始めて発生する」という将来効判決も「できないわけのものではない」としています。

しかし、これが第二の論点に関わるのですが、そもそも司法府にとって将来効判決が一般的に利用可能な手段だとすれば、わざわざここで二〇四条と二〇五条の関係などに踏み込んで検討する必要はなかったはずです。つまりこれは**将来効判決が可能だと正面から認めた実定法上の根拠がないことを自白している**ことになるのですね。しかも**補足意見というのは別に判例としての先例性が認められる部分でもありません**から、そこで「できないわけのものではない」と主張されたとしても、判例上「できる」ことが確定しているということにはなりません。

すると結局、一般的な可能性については否定的。その上で、率直に言えば司法府からの問題提起に立法府が正面から答えようとしないという怠慢が続いており、それに対して司法府がいらだちを覚えているという状況において、**できないわけではないのでやってみましたと一部の判決では踏み込んでいる**ものの、その根拠は構造的にも実定法的にも不十分だということになるでしょう。日本国憲法四一条の定めるように国会が「国の唯一の立法機関」なのだということを真面目に受け止めるならば、法律上に明確な定めのない制度を司法府が勝手に発明してしまっていいものか、それは立法権の不当な侵奪にあたるのではないかという疑問は禁じ得ません。三権分立という理念のもと、人民が支持する立法府が制定した法令を司法府が現実へと適用することを民主政の基本的なモデルとして考えるならば、**定数是正訴訟における将来効判決というのはある種の禁じ手であり、民主政の危機を生み出すもの**ではないかと思われます。

10　何が問題なのか？

――でもその一方で、事情判決などの手法を用いながら司法府が繰り返し繰り返し警告のメッセージを立法府に発してきたにもかかわらず十分な対応は取られてこなかったし、それによって選挙の公平が保たれない状況が続くことも、また別の「民主政の危機」だということにはならないでしょうか。

そのとおりです。さきほどは無責任な訴訟だと言いましたが、「一票の価値を公平にせよ」という原告団の主張自体は、基本的にごく正しいものですね。その解決を立法府が放棄し、選挙を通じた信任という民主政の正統性根拠をないがしろにし続けるならば、**それよりはマシな選択として裁判所がより積極的な手段を講じることを考える必要があると考えても不思議ではない**でしょう。そのような試みの例は、またあとで検討することにしましょう〔第4章6〕。

しかし、司法府がここで事実上の立法をあえて行なうという道に踏み出したとしても、すでに繰り返し述べたように、本質的に出口はありません。格差二倍という基準を超えた三一選挙区のみを無効にした場合には、効力を遡及させようが将来効にしようが、格差を解消することはできません。全選挙区の無効という大胆な判断に将来効付きで踏み込んだとしても、その期限までに立法府がしかるべき対応を取らなかった場合には、司法府と立法府の意思が完全に食い違ったままで固定されるというジレンマ状況を生み出すことになります。ひとたびこのような状況へと民主政を追いやってしまえば、そこから政治体制全体の正統性を再建することは極めて困難だとは考えられないでしょうか。あるいはそれが、これだけいらだちながら、世論からの批判も浴びながら、最高裁が定数是正訴訟において無効判断に踏み込まない一つの理由かもしれません。

民主政の危機がそこにあるとして、それを司法府の努力で解決することが正しいのか、それによって別の危機を生み出してしまうことを懸念すべきなのか。この懸念が正しいとすれば（私はそう思っていますが）、現在の危機は別の方法で解決されるべきだということになるでしょう。立法府内の意思決定システムの変革であるとか、三権すべてを包含する憲法体制全体の改善というのが「別の方法」の候補でしょうが、**ここでは裁判はすべてを解決できる手段ではないということの確認だけにとどめて**、もう少し別の話に移ることにしましょうか。

第4章　権威は絶対的ではない
――司法政治論と民主的正統性

《この章で扱うこと》
・統治機構のあり方は国際的に多様である
・立法の対応が必要かどうかが、裁判所の姿勢に影響している
・裁判所の行動も、支持拡大を狙うという意味での政治の一部として理解できる

1　憲法改正という解決法

――でも第2章では、「日本の裁判所が消極的だというのは神話だ」という話だったのではないでしょうか。なぜサラ金規制や中古ゲームに関して裁判所は積極的なのに、定数是正の問題については煮え切らない対応を繰り返しているのでしょうか。

さきほど指摘したとおり、定数を是正するための具体的手段は、基本的に法改正ですね。そしてそれは憲法四一条が「国会は、国権の最高機関であつて、国の唯一の立法機関である」と定めているとおり、国会にのみ属する立法権の問題です。たとえて言えば、違憲無効判決を出そうが違憲状態の指摘にとどめようが裁判所にできるのは立法府へと向けてボールを投げることだけで、それを打つかどうか、打つとしてどう打つかは立法府の問題だということになるでしょう。ある選挙の際の定数配分が違憲状態にあるとして、たとえばそれを憲法改正によって解決することもできるわけです。

――それはあまりにも極端な想定ではないですか？

そうでもないですね。現に参議院の定数配分是正の目的で二〇一五年の公職選挙法改正により実現された「合区」制度、つまり隣接する二県（鳥取と島根・徳島と高知）をそれぞれ一つの選挙区にまとめることについては、関係する県や地方団体の反発が強く、全国知事会による憲法改正の検討に結び付いていています（全国知事会「参議院選挙における合区の解消に関する決議」二〇一六年七月、全国知事会「憲法と地方自治研究会報告書」二〇一六年一一月）。憲法上、参議院議員を都道府県代表として位置付けることを明記すれば、人口に関わらない定数配分、典型的にはアメリカの連邦議会上院のように州ごとに二人といったような配分が可能になるというわけです。

2　非嫡出子の法定相続分変更で何が変わったか

あるいは、二〇一三年の「非嫡出子法定相続分違憲決定」（最高裁決定平成二五年九月四日）を思い出しましょう。

＊非嫡出子法定相続分問題　非嫡出子の法定相続分を、嫡出子の二分の一と定めていたことが法の下の平等に反するとして訴訟が繰り返し起こされていた。二〇一三年に最高裁で「違憲」との決定が出たことにより、法改正による解決が実現した。

――遺言が特にない場合（法定相続）に用いられる相続割合について定めた民法九〇〇条が、婚姻関係にある男女のあいだに生まれた子である「嫡出子」に対して非嫡出子、つまり婚姻外で生まれた子供を不利に扱っていたことが問題になった事例ですね。

はい、たとえば配偶者に加えて子供が複数人いた場合、まず全体を半分ずつに分けて片方を配偶者が相続し（同条一号）、残りを子供で均等に分けることになるのですが、そのときに非嫡出子は嫡出子の半分として計算することになっていました。仮に嫡出子が二人、非嫡出子が一人いたとすると、嫡出子は全体の二〇%ずつ、非嫡出子は一〇%ということになります。

法律婚を重要なものとして位置付け、家庭の価値を守る趣旨だと言われていましたが、どのような関係の両親から生まれるかを子供自身が選ぶことはできないにもかかわらず法律上の扱いを変えるわけですから、差別にあたるのではないかという批判がありました。実際にも下級審では法の下の平等を定めた憲法一四条一項に違反するという判例が見られましたが（東京高裁決定平成五年六月二三日など）、**最高裁は国会による裁量の範囲内であって憲法違反とまでは言えないという立場でした。**

——それが決定的に変わったのが二〇一三年の判例ですね。

そういうことになります。最高裁は、遅くとも二〇〇一年七月の時点で民法九〇〇条の規定は合理的な根拠を失っており、憲法違反の状態に達していたと判断しています。家族という存在に対する社会の一般的な考え方や正義の感覚は時代によって変化していくので、条文が変わっていないとしてもその規範的な評価は変化する可能性があるという考え方を採用したのですね。

ところでこの決定に対しては、自民党内から改憲によって正当化しようという発言も出ました。「伝統的な家庭のあり方」と広く考えられているもの、法律上の婚姻によって結び付いた一組の男女を中心にその子供たちが加わって構成される「核家族」、あるいはその夫婦の両親と同居するような形態の家庭を日本の国民は正しいものと考えてきたのだし、そのような形態で暮らすように人々を誘導することは法律の重要な役割だと考えるわけです。

――本当にそれが「伝統的」だったのでしょうか。

おそらく事実問題としては非常に怪しく、核家族が主流になったのは高度経済成長以後のことですし、一八七〇年から八〇年まで、近代的な刑法（旧刑法、明治一三年太政官布告三六号）が制定されるまで一時的に用いられていた「新律綱領」（明治三年太政官布告九四四号）でも「妾《めかけ》」つまり男性の愛人が妻と同じく「二等親」と位置付けられていましたから、法律によって守られた一夫一婦制もそれほどの歴史はないということになるかもしれません。

3　統治機構から見えるお国柄

ですがここではその話は措いて、**憲法と法律の関係に集中しましょう。**我々は違憲立法審査権という呼び方をしていますが、やや厳密に言えば、そこで行なわれているのは第一に憲法と法律・政令等の適合性審査であり、両者が矛盾している・両立不能であるという判断なのですね。日本の場合には憲法九八条一項によって憲法に反する「法律、命令、詔勅及び国務に関するその他の行為の全部又は一部は、その効力を有しない」とされていますから、違憲判断を受けた法律等はその事件についてただちに無効になります。しかし、法律として自動的に廃止されるとか無効になるとは考えられていません。法律を改廃することは国会が独占している立法権の行使であり、そのためにはあくまで国会の議決があらためて必要だというのですね。**無効判断された法律がその機能を止める**

というのは、裁判所が一般的にはこれまでと同様の判断を繰り返すだろうし、最高裁の判断は下級審が尊重するだろうという事実上の関係によって保障されていることなのです。

しかも、あくまで現状の憲法との両立不能性である以上、理論的には憲法を変えてもいいはずだということになりますし、イギリス系諸国のように、実際にも裁判所の役割は両立不能性の指摘までで、対応は立法府に委ねられているようなシステムもあります。

——ドイツ型とアメリカ型だけではないのですね。

そうですね、両国はあくまで典型的かつ多くの他国が受容したモデルだということでしょう。たとえばフランスも憲法院による違憲審査制を持っていますし、事前の抽象的審査があるという意味ではドイツ型に近いとも言えますが、憲法院の九人の裁判官のうち三人は大統領に指名されるとか(他は国民議会(下院)・元老院(上院)の議長が三人ずつ指名)、大統領経験者が当然に裁判官に追加で加わるので、政治性が強くなる可能性があります。ドイツの連邦憲法裁判所判事が連邦議会(下院)・連邦参議院(上院)によって半数ずつ、三分の二以上の特別多数決によって任命されるのとは、かなり違いますね。

——特別多数決が求められるということは、与野党を超えた合意が可能になるような人選が行なわれるのですね。

一般的にはそう評価されているようです。政府のあり方や権限配分のことを統治機構といい、人権と並んで憲法で定めるべき内容の二本柱だと位置付けられているのですが、その**統治機構のあり方は国際的にもきわめて多様であり、その国の歴史や発展の経緯を背負っているものだ、と言うことができる**でしょう。

4　立法と司法の関係

いずれにせよ、選挙区定数や法定相続分といった問題の解決には立法という対応が必要になる以上、裁判所は単独で問題解決のプロセスを構成することができません。これに対し、サラ金規制の場合はどうでしょう。判断自体は債務の支払いを求めた訴訟や、債務不存在の確認訴訟、あるいは過払金の返還請求訴訟において示されたのでしたね。別の言い方をすれば、裁判上どのような場合に債務を認定するかという基準に関する判断ですから、別の事案を想定してもやはりその適用は裁判所の役割だということになるでしょう。つまりここには、**裁判所と国会のあいだのコミュニケーションが不可欠な問題と、裁判所単独で対応できる問題の差があり、後者についてはかなり積極的な規範形成と問題解決に裁判所が動いてきた一方、前者ではなかなかそのように進まないという対比を見て取ることができる**のではないでしょうか。

――でもなぜ、そのような差が生じるのでしょうか。国会の対応が必要だとしても、より積極的な行動を通じて明確なメッセージを送るという対応も考えられるような気がします。

もう一度さかのぼって確認してみましょう。たとえば尊属殺人の事例において〔第3章4〕、裁判所の判断はあくまでその事件に対するものですから、その時点で刑法二〇〇条という条文自体がなくなったわけではありませんし、効力を失ったわけでもありませんでしたね。にもかかわらず現実的には検察庁と検察官が、形式的には尊属殺人にあたるような事例でも通常の殺人罪（刑法一九九条）を適用するよう主張することによって死文化していたとされているわけです。ところで、仮にここで検察が自粛せずに二〇〇条によって起訴したとしたら、どうなるでしょう。

――裁判所は従来の判断を維持する、特に最高裁の判例は尊重するという傾向を前提とすると、判例と同様に二〇〇条に対し違憲無効と判断した上で、一九九条による有罪判決を下すことになるのではないでしょうか。

そうですね。そうなるだろうということを検察側も予想するから、あえて二〇〇条を使ったりはしないわけです。つまりここでは、以降の事例についても裁判所が最終的な判断を下す権限を備えていることが、他者（ここでは検察）の行動をコントロールするための基礎になっていると言えるでしょう。

これと比較したとき、定数配分についてはどうでしょうか。まず、現在と同じように選挙の無効には踏み込まず、違憲性に関する判断を示すにとどめたとしましょう。にもかかわらず立法府の対応がないとか、不十分なまま次の選挙が行なわれたとして、裁判所にはどのような対応ができるでしょうか。

――同じこと、になるのではないでしょうか。

そうですね、裁判所が独自の改善策を示すとか正しい配分を実現することは、第一にそれは立法であって司法府の権限を超えるのではないかという点で、第二に実質的にそれだけの作業量を裁判所が担えるのかという点で、それ以上に積極的な対応は難しいと考えられるのでした。では無効判断に踏み込むかというと、すでに述べたとおり、それ以降の事態の処理が難しくなります。違憲判決、さらには無効判決まで踏み込んだにもかかわらず何も起きなかったとしたら、どうなるでしょう。

――どういうことですか？

少し聞き方を変えましょう。さきほど尊属殺人の事例では、違憲無効判決が出ても条文がすぐにはなくならなかったと言いましたが、これは一般的にそうですか？

——そうではないようです。たとえば「郵便法免責規定事件」（最高裁判決平成一四年九月一一日）では、郵便業務の従事者が生じさせた損害に対する損害賠償責任を一定の郵便物について免除していた当時の郵便法（昭和二二年法律一六五号）の規定（六八条・七三条）が憲法一七条（国家賠償責任）に反すると判断されたため、同年の国会で相当する規定が廃止されました。

あるいは最近の例ですが、離婚後の六ヶ月間について女性の再婚を禁止していた民法七三三条一項について、一〇〇日を超える部分については過剰な制約であって法の下の平等（憲法一四条一項）・両性の平等（同二四条二項）に反するとされたケース（最高裁判決平成二七年一二月一六日）では、前婚の離婚後一〇〇日を経過している女性の婚姻届については法律の文面にかかわらず受け付けるという内容の通達を、当時の法務大臣がその日のうちに出しています。法改正も翌二〇一六年の六月には成立しました。

そうですね、一般的には立法府・行政府とも最高裁判所の判断は重く受け止めており、それを前提とした対応を速やかに取っていると見ることができるでしょう。

成年被後見人から選挙権が奪われていたこと（公職選挙法一一条一項一号）が能力による選挙権の制限であって違憲だと判断された事例（東京地裁判決平成二五年三月一四日）では、下級審判決だったにもかかわらず、議員立法によって速やかに改正が行なわれています。事件は、直接的には選挙権、つまり投票する権利だけに関するものでしたが、法改正の内容はそれを超えて被選挙権（投票される権利）まで含むものでしたね。女性の再婚禁止期間に関する民法改正の内容も、単に期間制限を一〇〇日に短縮するだけでなく、離婚の時点で妊娠していないことが医師により確認された場合にはその期間内でも再婚を認めるという内容にまで踏み込みました。

　これらの事例からは、**立法府・行政府は単に判決で求められた最低限の内容を実現しているというわけではなく、その範囲を超えて司法府の判断を尊重し、そこで示された考え方に立脚して積極的に取組みを進めているという傾向を見て取ることができる**でしょう。ここに我々は、権威の存在を感じることができます。

5　権威とは何か、権力とは何か

　権力というのが、相手の態度や考え方にかかわらず自分の求める内容を実現させる力を意味すると考えるならば、そうではなく、相手方が自主的・自発的に従いたくなる力というのが権威ですね。たとえば学校の教室で先生に「日本国憲法の第九条は自衛隊の存在を否定していない」と言われたら、その生徒が自分で九条のテキストを読んだときにはそう思わなかったとしても、本当はそうなのかなとか、そういう考え方も有力なのだなとか、少なくとも教室のなかではそういうことにしておこうとか、そう思うのではないでしょうか（そうであってほしいと、教員としては思うのですが）。このとき、その生徒は教師に対して権威を感じていると言うことができます。

　ところでそのような権威が維持・存続されるために必要なことの少なくとも重要な一つは、権威者の示した内容が正しいことが検証されるとか、実現するということでしょう。たとえば「こういうトレーニングをすれば速く走れるようになる」と体育の先生に言われて、半信半疑だけどとりあえずやってみたところ実際に一〇〇メートル走の記録が伸びたというような経験があれば、他の問題についても先生の権威を尊重する態度が強まるのではないでしょうか。逆に、本当の理由はどうあれ記録が悪くなってしまえば、先生の次のアドバイスには従わないとか、他の先生の意見と照らし合わせて確認するようになるのではないでしょうか。

このように考えると、権威者と想定される存在にとって、その判断・指示した内容が実現しないという状況はきわめて危険なものになるでしょう。「指示したが無視された」という状況が発生し、それが社会の多くのメンバーから見られてしまうこと自体が、その人々にとって権威を尊重しない理由、権威の判断に従わない理由を提供してしまうのですね。

裁判所の立場から見た場合、自分で投げたボールを自分で打てるタイプの問題には積極的な姿勢を示すのに対し、投げたボールを立法府に打ってもらう必要のある問題、打つかどうかを自分ではコントロールできない問題には消極的になるという状態があるとすると、それはこのように権威を維持するというモデルで説明することができるのではないでしょうか。

6 非嫡出子法定相続分違憲決定が意味していたこと

もう一度、非嫡出子の法定相続分違憲決定のことを思い出しましょう。すでに確認したとおり、下級審では憲法違反と判断する例がいくつか出ていましたが、最高裁は立法府の裁量範囲内との判断を繰り返していました。

しかし、そのうち結果的には最後のものになる二〇〇三年の判決（最高裁判決平成一五年三月三一日）は注目に値します。結論としてはそれまでと同様に憲法違反にはあたらないとの判断ですが、二人の裁判官から反対意見があったほか、一人から補足意見が付いています。

――小法廷判決ですから裁判官は五人、そのうち二人は結論にも反対、一人の補足意見というのは……

結論は多数意見と同じでよいが、理由を補足するというものが「補足意見」ですね。理由が異なるという場合には単に「意見」と呼びますから、一応理由付けまで含めて多数には達したものの非常に微妙な判断だったことが伺えます。二〇一三年決定でも「その補足意見の内容を考慮すれば、本件規定を合憲とする結論を辛うじて維持したもの」だとわざわざ言及されていますね。さらに言えば、反対意見のうち一人（深澤武久）は弁護士出身の方で、率直に言えば政治的にリベラルな立場からの少数意見になることが珍しいとは言えません。しかしもう一人（泉徳治）と補足意見（島田仁郎）は裁判官出身ですから、完全に結論に賛成していたのは検察官出身（甲斐中辰夫）と官僚出身（横尾和子）の二人だということになります。民事事件であったことを考えれば、この時点で裁判所の姿勢がだいぶ変わっていたということになるのではないでしょうか。

さらに島田裁判官の補足意見を見ると、たしかに一方では法律婚主義であることから嫡出子・非嫡出子のあいだに区別が生じても合理的なものであればやむを得ないし、どのような区別を設けるかは「我が国の伝統、社会事情、国民感情などを総合的に考慮」して立法府が裁量的に判断すべきものだから、著しく不合理で裁量の範囲を逸脱していない限り違憲と判断すべきでないという形で立法府の判断を尊重し、抑制的な姿勢を示しています。

しかしその一方では、「その判断の正当性は、その後の社会事情や国民感情などの変遷を踏まえて、絶えず吟味していくことが必要」であるし、「我が国の伝統は別として、立法した当時に存した本件規定による区別を正当化する理由となった社会事情や国民感情などは、現時点ではもはや失われたのではないかとすら思われる状況に至っている」とまで言っているのですね。したがって「少なくとも現時点においては（……）明らかに違憲であるとまではいえないが、極めて違憲の疑いが濃い」のだと。

――ではなぜ、島田裁判官は多数意見に同調したのですか？

そこがポイントです。深澤裁判官の立場は明確で、憲法が個人の尊厳を重視している以上、伝統・慣習や国民感情を考慮するとしてもそれに反することまで許容されていると理解することはできず、したがって本規定は憲法違反だとするものです。これは裁判官ご自身の信念や憲法理解を反映した率直な結論だと評価することができるでしょう。

その一方、島田裁判官がそこまではっきりと割り切って行動しなかった理由は、おそらく次の部分によく示されています――「本件規定は、相続制度の一部分を構成するものとして、国民の生活に不断に機能しているものであるから、これを違憲としてその適用を排除するには、その遡及効や関連規定との整合性の問題等について十分な検討と準備が必要である。それなしに直ちに違憲無効の判決をすると、大きな混乱を招いて法的安定性が著しく損なわれることは避けがたい」。

――違憲無効判決の社会的影響を考慮したということでしょうか。さきほども話が出た国会議員の反発とか……

それもあるかもしれませんが、おそらく中心はもっと即物的なことでしょう。深澤裁判官の主張するように、民法九〇〇条の該当部分が違憲であり無効だとします。この事件は故人の財産の相続分をめぐる請求でしたから、非嫡出子の法定相続分を嫡出子の半分にするという規定がなくなります。すると、どちらも平等に「子」として相続割合を決定し、遺産の総額に適用して分割すればよい、ということになるでしょう。しかし、他の事件はどうなりますか？

――他の事件？

同様に非嫡出子が関係する相続は、毎年相当な数が発生していたはずです。もちろん民法の規定は法定相続分、つまり特に遺言がない場合に適用される割合に関するものですから遺言が残されていれば関係ないのですが、それでも一定数の事件は必ず生じていたでしょう。それらの一部はこれまでも訴訟になり、違憲という判断が出ていないので、非嫡出子の側が平等な分割を求めていたとしても敗訴していたはずです。あるいはそのような状況がわかっているので、諦めて半分の割合での相続に同意した非嫡出子もいたでしょう。

ところで島田裁判官の議論は「社会事情や国民感情」の変化を根拠にしているわけですが、前回の判決の時点ではまだそれが違憲性を導くレベルに達していなかったところ、今回は達していたということであるなら、その中間のどこかに閾値を超えた時点が想定されるはずです。

――ある時点で国民感情の変化により当該規定が違憲になっていたとすると、そこからこの判決の時点までのあいだも違憲無効だった、ということは無効な規定に基づいて行なわれた訴訟や任意の遺産分割も憲法違反として無効になる……

……可能性はある、と言わなくてはならないでしょう。少なくとも不利な割合に従うことを強いられてきた非嫡出子の側としては、そのように主張して「蒸し返し」を試みるでしょうし、それは正当な主張だとも思われます。しかし結果的には相当な数の相続やり直し訴訟が一気に提起されることになるでしょうし、訴訟にいたらなくとも社会的な紛争や摩擦が発生するでしょう。仮にその一部が認められて相続をやり直すことになったとすると、以前の相続を経て生じた財産の移転をどのように処理するかといった問題も出てくることになります。

——親から相続した土地を嫡出子が売却し、そこにマンションが建って数十人・数百人の所有者が発生しているような場合、でしょうか。結果がどうなるかはともかく、相当な社会不安が生じそうな気がします。

だから島田裁判官の結論としては「本件規定については、相続分を同等にする方向での法改正が立法府により可及的速やかになされることを強く期待するものである」ということになる。**憲法適合性に問題があると判断するとしても、それに対するケリの付け方も考えずに対処すれば、そのこと自体が法に対する信頼・裁判所に対する信頼を損なうことになる。**そのような善後措置を含めた対応は、他の法令や制度との適合性なども十分考慮して立法により実現されることが望ましい。だから、明確なメッセージを打ち出すことによって、ボールを立法府へと投げたわけですね。

法体系は全体として統一的・整合的であるべきであり、それに十分に配慮して立法という機能は実現されるべきである。裁判所の本来の任務は個々の事例の解決・救済にあり、それを通じて正しい立法機能を実現することはなかなか難しい。だから**「きちんとやれ」というメッセージを行政府・立法府に対して送るにとどめた方がいいのだというわけでしょうね。**

7 いらだつ裁判所

ただ、泉裁判官の反対意見もこれに対する立場として注目に値します――「本件が提起するような問題は、立法作用によって解決されることが望ましいことはいうまでもない。しかし、多数決原理の民主制の過程において、本件のような少数グループは代表を得ることが困難な立場にあり、司法による救済が求められていると考える」。本来はもちろん立法機能は立法府で実現されることが望ましい。しかし多数決原理で動く政治セクターには、少数派の利益や権利を守る動機が欠けているという問題が本質的に存在する。であれば、それを守るために司法府が能動的に動くべきではないか、ということでしょう。

泉裁判官からは動かない立法に対する司法府のいらだちを、島田裁判官からはそれでも本来の権力分立のあり方に期待すべきではないかというメッセージを、感じることができるのではないかと思います。しかし結論として島田裁判官の期待は裏切られ、この問題の立法的解決はなされませんでした。それが二〇一三年の違憲決定にいたる伏線だと、考えることができるのではないでしょうか。

――法的安定性に対する裁判官たちの懸念は、どうなったのですか？

二〇一三年決定の特徴として、まず違憲性の判断につき遅くとも二〇〇一年七月当時においてという言い方をしていることが挙げられます。すでに述べたとおりそれまでの事件においては旧規定が合憲だと判断してきましたから、社会情勢や国民感情の変化がどこかの時点で一定の閾値を超え、それまで合憲だったものが違憲へと変化したはずです。しかし最高裁はあくまで契機となった事案の相続が開始された時点ではどうだったかという判断にとどめ、決定的な時点がいつだったかを示すことはしませんでした。

また決定において示された違憲判断は「本件規定を前提としてされた遺産の分割の審判その他の裁判、遺産の分割の協議その他の合意等により確定的なものとなった法律関係に影響を及ぼすものではない」ともされました。違憲性が明確となった二〇〇一年七月からこの決定の時点まですでに一二年が経過しており、そのあいだにもこの規定が有効であることを前提にした遺産分割が大量に行なわれていると考えられます。前述のとおり、本来であれば憲法違反の法令は無効ですから、これらの遺産分割も根拠が誤っており無効だという議論もあり得るでしょうし、それが島田裁判官の懸念でした。

だからここで最高裁は、「法的安定性」を持ち出します。この違憲判断は「長期にわたる社会状況の変化に照らし（……）当裁判所として初めて明らかにするものである」、にもかかわらず「解決済みの事案にも効果が及ぶとすることは、著しく法的安定性を害することになる」。合法的な行為であれば法的に保護されるべきだし、その合法性・違法性に関する評価が簡単に変わったりはしないという意味での法に対する信頼を守ること、その基礎にある「法的安定性は法に内在する普遍的な要請」だから、合憲性に関する判断も法的安定性との調和に配慮する必要があるというのです。だから最高裁は、**本決定で示された違憲判断の効力は未確定の法律関係にしか適用しないという形で、その射程をわざわざ限定**したことになります。

——でも、そんなことをしていいんでしょうか。

一つめの答はおそらく、**そうするしかない**というものでしょうね。すでに確認したように、二〇一三年決定の時点でこの問題はほぼ「出口なし」の状態でした。多くの裁判官が、すでにこの規定の憲法適合性は相当に怪しい状態にいたっており、何らかの対応が必要だと考えていたのでしょう。法的安定性の問題を考えれば、島田裁判官が指摘したように、その解決を含めた対応が立法府において行なわれるべきでした。しかし泉裁判官が主張したように、この規定から不利益を受ける非嫡出子はどうしても少数派であり、多数派からの同情を得ることも簡単ではありません。世の多くを占める嫡出子からすればこの問題の解決は自分に関係ないか、非嫡出の兄弟がいるような場合にはむしろ不利なことになります。伝統的な家族制度を尊重する立場からの反発もあり、少なくとも立法が積極的には進まない状況が続くことが予想されていたと言っていいでしょう。

裁判所がボールをどれだけ投げても立法府が動かないとき、それを放置すれば社会的な弱者が苦しむ状態が続くことになります。これを放置することも望ましくないとすれば、裁判所に可能なのはなんらかのウルトラCを持ち出すことだけだった、ということになるのではないでしょうか。

二つ目の答は、**それが許されることに裁判所は賭けた**のだということになるでしょう。このときの最高裁の判断は、下手をすればさまざまな方面からの攻撃を受けかねないものでした。まず立法府との関係では、この国で有効な法規範のあり方をある時点から変えるというのはまさに立法機能であり、憲法上は国会が独占しているものだと指摘される可能性があったでしょう。結果として家族制度に与える影響をどう評価するか、それに基づいて法規範のあり方を決断することは国民の代表たる国会議員にのみ許された権限だという内容的な批判に加え、憲法の定める権限配分自体を憲法の番人たる最高裁が踏みにじったのではないか、というわけです。

これまで不利益を受けてきた非嫡出子の人たちも、不満を抱く可能性はありました。二〇一三年決定が民法の規定を誤ったものと位置付けたのであれば、そこから派生して生じた誤った社会状態も可能な限り是正すべきではないか、というわけです。たとえば決定の直前、二〇一三年の九月一日に嫡出子の半分の割合に従った遺産分割に同意してしまった非嫡出子がいたとすれば、その人はこの判断に強い不満を感じるでしょう。二〇〇一年にはすでに当該規定が違憲で無効だったのに、なぜそれ以降に生じた自分の法律関係は変更されないのか、と。

これらの危険性を考慮しても最高裁が違憲という結論を出した背景には、もちろん非嫡出子の権利問題が未解決のままに置かれている状況をこれ以上放置できないという判断があったでしょう。しかしそれだけではなく（もちろん私自身が議論に加わっていたわけでもなく関係者から直接話を聞いたわけではありませんが）**この判断は社会から承認される、一部からは批判が出るとしても全体的には是認されるという読みがあったのではないでしょうか。**

仮にその読みどおり社会の大勢がこの結論を賞賛するのであれば、その手続きや判断の射程に多少の不満がある当事者がいたとしても、発言するのは難しくなるでしょう。それらの当事者も含めて判断内容の積極的な実現に協力せざるを得なくなり、裁判所の権威も全体として強化されることになります。

8　政治としての司法

——なんだか法律の問題というより、政治的な判断の話に聞こえてきました。

まさにそのとおり、**そこにあるのは政治なのですね**。もちろん、典型的には選挙を通じて我々が代表者を選び政府の運営を委ねていくという意味での制度としての政治ではなく、自分の発言や行為を支持する人・同調してくれる勢力を培うことによって望む結果を実現していくという、機能としての政治の意味においてですが。

もちろん、裁判所が制度的に担っている本来の機能は、すでに指摘したとおり社会内部で発生した紛争の解決という点にあります。しかし、個々の事件に一定の判断を示すこと自体が必ず社会への影響力を持ちますし、それを受けて人々の行動のパターンもまた変化していくでしょう。そもそも「判例」という言葉自体が、判決がそのように人々に対する例として機能することを示しているとも言えます。

そしてその状況で個々の裁判官は、もちろん片方で目の前の事件に適切な解決を与えることを考えながら、他方ではそれによって生じる社会への影響を（善悪は問わず）考慮しているでしょう。たとえば公序良俗に反する契約は無効にするという民法九〇条の規定は、何が公序良俗か、それを維持するためにどうすればいいかと考えることを、裁判官に求めていると理解することができます。憲法七六条三項が「すべて裁判官は、その良心に従ひ独立してその職権を行ひ、この憲法及び法律にのみ拘束される」と定めていることも、何が望ましい社会のあり方かという問題に深く関係するだろう裁判官自身の良心のあり方を結論へ反映させることを求めているのだ、と逆に読むことができますね。

ドイツの法学者ルドルフ・フォン・イェーリングは、裁判を「権利のための闘争」だと位置付けました（村上淳一〈訳〉『権利のための闘争〈岩波文庫〉』〈岩波書店、一九八二〉）。自らの権利を主張して裁判に訴えることは、単に自分の利益を守ろうとする利己的な行為ではなく、何が正しいか・誤っているかを公開の場で争うことによって正しい社会を実現しようとする闘争であり、西欧においてはむしろ聖なる義務としてとらえられていたというのですね。裁判官による紛争解決もそこで「正しさ」を指示し、社会のなかで実現する意図を持つ行為、その意味で政治的な側面を持つと言われるべきではないでしょうか。

そしてこのことは、裁判それ自体や裁判所の存在も、そのように広い意味でとらえた政治から自由ではない、独立していないということを意味するでしょう。たとえば裁判所が他の政府機関との関係でどのような位置付けにあり・どのような権限を持っているかということがそのふるまい方に影響するという観点からの研究があります。「司法政治論」(judicial politics) と呼ばれ、先に言及した見平先生が法社会学の観点からアメリカについて、あるいは浅羽祐樹先生が韓国政治の観点から研究を展開しています(一例として「朴正煕時代の法的清算と日韓の新しいゲーム」e-World (時事通信社)、二〇一三年九月二六日)。

たとえば日本の場合、紛争解決機能は政府の内部で裁判所機構(最高裁を頂点とし、高裁・地裁などからなる下部組織)が独占していますし、そのことは憲法上も保障されています(特別裁判所の禁止、七六条二項)。これに対し韓国には憲法裁判所と大法院(日本の最高裁に相当)がともに存在し、かつ両者の権限配分に不明確な部分があるというのですね。

——憲法裁判所は違憲立法審査権のために存在するのでしょうか。

基本的にはそうです。韓国の第六共和国(一九八七〜)はドイツ型の抽象的違憲審査制を採用しましたから、憲法判断を独占する裁判所が必要になりました〔第1章4〕。法令の憲法適合性をめぐる判断がこの憲法裁判所の権限であることは争いがなく、他方、通常の訴訟における最終審が大法院の権限であることも明確です。

問題は、大統領令のように法律以外の行政命令の憲法適合性が争われるケース、日本でいう通常の「法律上の争訟」なのか憲法適合性の問題なのかが判然としない事例です。浅羽先生によれば、韓国では両方の裁判所が自らの権限だと相互に主張している。そしてどちらもその系統では最高の存在ですから両者の紛争を調停するような制度は存在しない。そこで両者は、いわば国民に対する権威あるいは威信を争うことになるし、そうするインセンティブが存在するというのですね。仮にそうだとして、その原因を韓国の文化や伝統・国民性といったものに安易に求めるのではなく、大法院・憲法裁が国民の支持をめぐって相互に競争しなくてはならないような状況とそれを作り出した統治機構の状況についてまず考えるべきだというのが、浅羽先生の指摘です。「韓国の司法は国民感情に迎合的である」などと、日本でも言われることがあります。

逆に言えば日本では、いま指摘したとおり紛争解決については裁判所の独占があり、それが何かに脅かされる危険性も乏しい以上、最高裁はかなり自由に自分の正しいと信じるところを追求することができるということになるかもしれません。他方、やや広く「正しさの実現」ということになれば立法府・行政府との競争にさらされており、さらに言えば予算・人員の面では行政府に、民主的正統性においては立法府に劣った状態にあります。そのなかで国民からの支持を失わず、他方では立法府・行政府との本格的な衝突にいたらないためにはどうすればいいか、どのようにすれば裁判所独自の政治的資源としての権威を守れるか。

憲法問題と法律問題、あるいは制度設計と紛争解決という異なる領域で裁判所の態度が異なって見えるとき、それをこのような政治の観点から分析することは有益だろうと思います。

第5章　国会はピラミッドではない――政策形成訴訟と立法の氾濫

《この章で扱うこと》
・立法を通じた政策実現を目的とする訴訟が「政策形成訴訟」
・五五年体制下で弱者を守る手段として、政策形成訴訟が活用されてきた
・政治改革によって立法が急速に活性化し、従来とは状況が一変している

1　訴訟の目的は何か

――よくわからなくなりました。「法律上の争訟」という条件によって裁判所が判断を示し、それによって解決することのできる問題の領域は限定されているということになります。さらに司法政治論の観点に立てば、その範囲内でも裁判所が積極的に解決策を提示し、社会的に強

制することのできる問題のパターンとそうでないものが区別されます。

すると結果的に、これまで見てきたような自衛隊の違憲性をめぐる問題や国会の定数配分をめぐる問題はどちらも裁判を通じた解決が実現しにくいものだということになると思うのですが、それでもなぜこれらの裁判で原告になっている人々は訴訟を繰り返しているのでしょうか。原告側も弁護団を組織して闘っていることを考えれば、単に裁判のこのような性格に無知で愚かな行動を繰り返している、とは考えにくいと思うのですが。

やや刺激的な表現を用いれば、**訴訟で勝つことを目指しているわけではないから**ということになるのではないでしょうか。

——どういうことですか？　訴訟というのは一般的に、何かの結果を裁判所によって強制してもらうことを請求するためのものだと思っていました。

普通はそのとおりです。典型的な民事裁判は「損害賠償請求訴訟」であり、被告に対して一定の金銭を支払えという命令を裁判所から出してくださいと請求するものですね。刑事裁判も、検察官から裁判所に対して、被告人に対して一定の処罰を命じてくれと求めていることになるでしょう。このような請求の趣旨を明示するものが訴状（民事）ないし起訴状（刑事）であり、それが裁判所に提出されることによって訴訟が始まるわけですから、形式的な意味ではもちろんあらゆる合法的な訴訟が請求を伴っているということができます。

しかし、実質的にはどうでしょうか。定数是正訴訟の際に、勝訴判決が出たにもかかわらず原告団が「勝訴」の垂れ幕を用意していなかったというエピソードを紹介しましたね〔第3章7〕。その訴訟が本当に何かを請求するために行なわれていたもの、訴訟の対象を本気で手に入れようとしたものだったら、こんなトラブルが起きるでしょうか。

あるいは同様の定数是正訴訟において、ある原告団は最高裁判決に先立って自分たちの主張をまとめたパンフレットを各地の弁護士や法律学者に郵送したり、新聞広告として掲載したことが知られています。法廷のなかで、中立な第三者としての裁判官の判断によって権利義務の行方を決めるのが裁判の典型的な姿だと考えるとき、裁判官以外に向けて法廷外で行なわれるこのような広報活動に意味はない、と言いたくはならないでしょうか。

――では、何のために訴訟が行なわれたのでしょう。

まさに**自らの主張をアピールするため**、ではないでしょうか。しかもその対象は法廷のなかの裁判官ではなく、その外にいる人々です。

いま挙げた例では、パンフレットは大学で教鞭を執っており社会的な影響力がある（というのが本当かどうかわかりませんが……）学者や、同業者である法律家集団に対して向けられたアピールであり、自らの主張を支持してほしい・できれば何らかの積極的な行動に出てほしいという趣旨だろうと思います。具体的には原告団に加わるとか、訴訟費用を含めた経済的支援を行なうとか、授業などの機会に裁判自体や原告団の主張を紹介する、といったことが考えられるでしょうね。選挙無効訴訟が提起できるのは「選挙人又は公職の候補者」（公職選挙法二〇四条）に限られていますから、原告となる有権者が見つからないと、その選挙区に関する訴訟は提起できません。原告に加わってくれる有権者を新聞広告で募集したこともあったようです。

新聞広告の場合、直接的に想定しているアピール先はその新聞の読者でしょう。もちろんいま述べた原告の調達に関する問題や資金支援は目的として想定されますが、さらに広く政治的なアピールとして考えることができるのではないでしょうか。

――どういうことですか？

2　政策形成訴訟の建前と本音

公職選挙法に関する違憲訴訟の事例を思い出しましょう〔第4章4〕。民法上「精神上の障害により事理を弁識する能力を欠く常況にある」（七条）と判断された人は「成年被後見人」と位置付けられ、契約の自由を制限されて後見人の監督に服することになっています。成年被後見人の法律行為、たとえば売買契約の締結や贈与の意思表示は後見人が取消すことができる（九条本文）というのが、その典型ですね。これを踏まえて、「選挙権及び被選挙権を有しない」ものを列挙した公職選挙法一一条一項に成年被後見人が含められていた（一号）ことにより、これらの人々は投票も立候補もできない状態に置かれていました。

それに対し、成年被後見人である原告が選挙権の確認を求める訴訟を提起しました。第一審判決でこの請求が認められたこと（東京地裁判決平成二五年三月一四日）を受けて議員立法による法改正案が提出され、同年五月に成立することで選挙権・被選挙権とも与えられることになりました。

ところでこの訴訟の請求内容はあくまで「原告が、次回の衆議院議員の選挙及び参議院議員の選挙において投票をすることができる地位にあることを確認する」というものです。行政事件訴訟法に定められた当事者訴訟（四条）として、本人に関する主観訴訟という形式を整える必要があったためなのですが、ではここで訴えられた国が「では次回選挙の投票権は認めますがその次は認めません、不満ならまた訴訟してください」とか「あなたについては選挙権を認めますが他の成年被後見人については知りません」と返答したらどうか、と考えてみましょう。

――原告が納得するとは思えないですよね。

原告だけでなく、見ている我々もそれはどこかおかしいと考えるでしょう。訴訟上の請求内容は満たしている、しかし満足な解決とはみんな思えないということは、訴訟の本来の狙いは明示された請求内容とは別のところにあるし、それは周囲からも理解することができるということですよね。

ここでは、成年被後見人から選挙権を奪っているという状態が正しいか、誤っているとすればそれを是正するための政策――基本的には法改正――が実現されるべきではないかというのが真の争点だったということになるでしょう。

この事件では、一審で敗訴した国側が控訴し、高裁での審理が続きました。国側の主張としては、訴訟の効力が生じるのはあくまで原告本人だけなので、一審判決を確定させた状態で法改正が実現する前に次の選挙があると、成年被後見人のうち原告ただひとりが投票できる状態になってしまう、それを避けたいということでした。それをどの程度正当な主張だと考えるかはさておき、法改正が実現した段階で和解により訴訟は終結しました。和解に原告側も同意したことからも、**裁判で勝つことが重要だったのではなく制度改正と政策実現が真に求めるものだったのだ**、と言っていいだろうと思います。

このように、一定の政策が立法府を通じて実現することを第一義的な目的とするようなタイプの訴訟を、「政策形成訴訟」と呼びます。

3　アピールとしての訴訟

このように考えれば、定数是正問題における訴訟の使われ方についてもよく理解できるのではないでしょうか。すでに述べたとおり、定数是正問題に関する本筋の解決策は法改正でしょう。国会で適切な選挙区割りや定数配分が実現するような法案を可決すればいいはずです。しかし現実にはなかなかその改善が進まない、というのはすでに述べたとおりですね。

考えてみれば、立法府を構成する国会議員たち自身が選挙制度に対する利害関係者であり、自分たちの運命が改革の内容に影響されてしまうわけですから、合意形成が困難になるのも当然です。選挙制度としての公正さや目指すべき統治のあり方に関する理念から適切な制度を選択すべきだという議論と、しかしできるだけ自己・自勢力に有利な結果を生む制度を実現してしまおうという欲望が混在してしまうわけですね。実のところこの点では、長らく政権の地位にあった自民党だろうがそれを批判してきた民主党・民進党の側であろうが、ほとんど事情は変わりません。

この状況を変えようとすれば、何が必要でしょうか。

——もっと別のところからのプレッシャーが立法府に対してかかること、でしょうか。

そうでしょうね。そして、その典型は国民ないし有権者だと考えることができます。現在の立法府、あるいはその主要メンバーが問題解決に積極的でないというメッセージを国民に対して送ることで、直接的にはその問題に対する評価が次の選挙における投票行動に反映されることを期待するわけですね。

さらに言えば、国民一般と比べて個々の政治家とより密接な関係にいる「関係者」や「支持者」と呼ぶべき人々も、そこには含まれているでしょう。こういった人々は、たとえば後援会などを通じて政治家本人と接触したり、普通の国民と比べて積極的に意見を伝える機会を持っている可能性が高い。こういう人々を通じて、問題解決を進めないと支持を取り消すとか再考するという圧力が行使されることを期待することも考えられます。その結果は、最終的には次の選挙の際に投入することのできるさまざまな資源（支持・資金など）に響いてくるでしょうから、これは間接的な影響と位置付けることができます。

政治家は選挙で選ばれない限りその地位を維持することができませんから、これらの圧力が議会内での行動を変化させる契機になるだろう、というわけです。さきほど述べたようにこのような訴訟の主要な目的は**裁判自体に勝って請求内容を法的に強制することではなく、政治プロセスへの入力、立法府を取り巻く我ら人民（We the People）へのアピール**だということになるでしょう。

――でもそれは「訴訟」で解決すべき問題なのでしょうか。たとえば新聞広告は訴訟抜きでも出せるような気がします。訴訟自体と国民へのアピールは、別の問題なのではないでしょうか。

いくつかの話を区別しましょう。まず訴訟が必要か、という問題。

もちろん国民へのアピールを実現するために、訴訟をしなくてはならないはずはありません。新聞広告やテレビＣＭを出してもいいでしょうし、街頭でビラを配ったりデモを行なうような直接行動も考えられます。しかし、たとえば新聞広告の費用は誰が負担するのですか？

――それはもちろん広告を出したい当事者でしょうが……

当然そうですね。そしてその金額は、もちろんどの新聞にどの程度の大きさのものを掲載するかで違いますが、ある経済専門紙の一面広告だと一千万円を超えるとは聞いたことがあります。テレビCMも、相当に高額でしょうね。それだけの経費をかけても、たまたまその媒体を目にした人にしか物理的に届かないでしょうし、見たとしても「あ、広告か」と気にしない人がいるかもしれません。情報が実際にメッセージとして伝わる効率を考えれば相当な量の広告が必要になるでしょうし、それに対応した経費が必要です。企業の場合はその宣伝費用も含めて営利活動から回収しようとするわけですが、政策実現を訴えるような社会活動ではそうもいきません。あるいはそもそもその政策を必要としている人たちが社会的な弱者で経済力がなく、必要な経費を調達することもできないようなケースも考えられるでしょう。

ビラ配りやデモの場合、メディアを用いた広告に比べれば費用はかからないかもしれませんが、その代わり人手が必要になりますね。たとえばLGBT問題のように関係者の人数が相対的には少数にとどまっているとか、社会的な偏見があって直接行動には出にくいといったケースでは、やはりあまり機能しない可能性が高そうです。

逆に言えば、経済的に余裕のある人々や社会的な多数派が問題を感じている政策課題については、もちろんそのために利用できる資源（予算・人員など）の範囲内でということにはなるでしょうが、通常の民主政や行政のプロセス内で解決が進みそうです。問題はそうでない場合、経済的・人数的な弱者が抱えている課題なのですね。

――そういった課題をどのように社会に対してアピールするか……

そう考えたとき、裁判という手段の持つ特性が見えてきます。

第一に、訴訟それ自体に必要となる経費は、決して多くありません。まず訴えを提起するためには裁判所に手数料を納付する必要がありますが、訴訟目的の価値に応じて増えるものの高額になるほど割合が下がるようになっていますから、たとえばこのような金額になります。

訴額　　一〇万円……一〇〇〇円
訴額　一〇〇万円……一万円
訴額一〇〇〇万円……五万円

なお訴額が算定困難な場合は一律で一万三〇〇〇円とされています。もちろんこれ以外に証人を呼ぶために必要な日当や旅費、書類の提出にかかる費用、場合によっては翻訳や鑑定に必要となる費用が加算されていきます。これらの「訴訟費用」と呼ばれる金額は、最終的には判決の時点で敗訴者が負担するよう命じられるのが原則なので訴訟に勝てるのであれば取り戻せることになりますが、いずれにせよこれ自体は、たとえばさきほども見たメディアの広告費用と比較すればかなり低額だということになるでしょう。

もちろん通常の訴訟であれば、その手続きすべてを自力で行なうのは難しいですから弁護士さんに依頼することになり、その費用が相当かかることになります。しかし、一定の公益性があったり弱者救済の性格があってごく低額や無償で協力してくれる弁護士さんが見つかる場合には、その点を無視することができるでしょう。

そして、裁判が起こされたとか判決が出たという情報は、一定のニュースバリューを持ちます。社会的な関心が集まるようなテーマについての訴訟であれば、なおのことでしょう。そこで原告と弁護団が記者会見などの積極的な情報提供を行なった場合、マスメディアがニュース報道として情報を伝えてくれることが期待できます。

――広告であれば広告主が費用負担しなければならないのに対し、メディアの負担で情報を広げてもらえるわけですね。たしかに、記者会見の光景や裁判所に向かう原告団の映像を、テレビニュースでもしばしば目にするような気がします。

4　格差を覆うものとしての訴訟

念のために言えば、弱者の利益を守るために訴訟に打って出るケースのすべてがそのような社会的アピール目的だと言いたいわけではありません。費用負担に耐えない場合でも、たとえば刑事事件として構成することによって警察・検察という政府機構の力を利用するというようなパターンも考えられるでしょう。

あるいは通常の民事訴訟でも、原告・被告の力関係や実力の格差が少なくとも相当程度に排除される・覆われるという性格はあるでしょう。両者の経済力が違えば依頼できる弁護士さんの人数や実力にも差が出てくるかもしれませんが、社会貢献や専門職倫理の観点から、報酬を気にせずに協力してくれる方もいます。職務独占のある専門職として、「プロボノ」と呼ばれるそのような公益活動をすべきだという感覚やそれをするだけの経済的余裕を持つ方々が相当の数いるというのは、通常の経済や政治とは異なる性格ですね。

さらに法廷のなかでは、少なくとも制度的には原告・被告が対等の存在として扱われます。たとえば被告側の組織の人数がどれだけ多くとも、どれだけ社会的な権威や権力を持っていても、それに応じて発言の機会が増えるとか相手を沈黙させられるということはありません。そのように現実の力関係を排除した事実と理論だけによる双方の主張を前提に、中立公平の第三者たる裁判官が判断を下すというのが裁判の理念ですから、社会的な弱者・少数者が法廷の外では背負っているハンディがそこでは機能を止めるのだと期待することはできるでしょう。

このように「理の闘い」としての裁判というその本来の機能に期待して紛争を持ち込む場合もあれば、むしろそこでは負けることを前提としつつアピール手段としての活用を考える場合もある。その後者の場合を中心に「政策形成訴訟」と考えるわけですね。**本来の目的と外れているという趣旨でとりあえずはその規範的な評価を抜きにして言えば、訴訟の寄生的な利用方法だ**ということにはなるでしょう。

――しかしその「規範的評価」がまさに問題ではないでしょうか。中立的な第三者の審判という裁判本来の機能に期待する場合はいいとして、その寄生的な利用方法のために予算や社会的資源が使われることになるわけですよね。

注意しておくと、しかしその両者を明確に区別できるかどうかはわかりません。第一に、少なくともまともな弁護士さんが協力している訴訟であれば、形式的には訴訟が成り立つような法律構成をもとに訴訟を提起するでしょう。

――自衛隊の合憲性をめぐる訴訟における「平和的生存権」の主張のように、でしょうか。

まあそうですね。すでに述べたとおり、政府の行為の違法性を修正させる目的で原告に具体的な被害がなくとも提起されるタイプの訴訟を「客観訴訟」というわけですが、これは法律上の規定がある場合にしか認められません。それがないことを前提にすれば「主観訴訟」として、つまり原告が被害を受けていることを根拠にした訴訟として構成する必要があります。しかしたとえば「集団的自衛権を政府が認めた（がまだ具体的な行動は取っていない）」という時点で生命・財産のような通常の訴訟で扱われる利益が損なわれることは考えられませんから、何かそれ以外のものを想定する必要がある。そこで精神的な価値を考え、政府の決定により損なわれるようなものを「平和的生存権」と呼んだのだということでしょう。残念ながらそういう利益があるのだという原告側の主張は裁判所にほぼ受け入れられておらず、具体的な権利・利益に関する争いではないので却下という結論にいたることが多いわけですが、少なくとも事件として受け付けられ、そのような判断をするための審理は行なわれています。

5　賭けとしての訴訟

第二に、ある訴えに勝訴の見込みがあるかというのは提訴の時点ではあくまで将来への予測であるにすぎません。たとえば私が見て「これはダメだ」と思ったとしても私が間違っているのかもしれませんし（別に訴訟法を含む実定法の専門家でもないわけですしね）、報道では伝えられなかったり、その時点では伏せられていた事実があってそれを踏まえればそれなりの勝ち目が見えてくるというケースもあるでしょう。裁判の過程で判断の基礎になる情報が増えてきたことで予測も変わってくる可能性があります。

さらに言えば「勝訴の見込み」はデジタルなものではなく、「あまりないけどもしかしたら」とか「五分五分かな」とか、細かいものもあるでしょう。プライバシーに関する「石に泳ぐ魚」事件（最高裁判決平成一四年九月二四日）のように、顔の特徴に関する描写なので従来の客観的秘密を中心とするプライバシー概念によって保護するのは難しいのでは……と思われていたら何らかの事情により（それが何かという点は議論が分かれているのですが）勝訴したという事例もあります。

「絶対勝ち目がない」ような訴訟の提起を濫訴だと批判することはあり得ても、「もしかしたら勝てるかも」というときに必要となる費用や手間を考えてどうするかは本人の決断の問題で、社会的に規制するわけにはいかないのではないかと、多くの人は考えるでしょう。

＊石に泳ぐ魚事件　柳美里の小説『石に泳ぐ魚』（新潮社）の中の描写について、モデルとなった女性が、プライバシー侵害および名誉毀損に当たるとして出版の差止めを求めた裁判。差止めが認められたため、問題とされた描写を改めて再刊されている。

第三に、これまでの実定法や法解釈を前提にすれば勝ち目があるとかないとか我々が考えたとして、しかし裁判所はその前提を覆すウルトラCを使うことができます。

――違憲判決が典型的でしょうか。

はい、**我々の予測の基礎になっている実定法の一部を憲法に反するという理由で排除すれば、当然ながら結論も変わってきます**。尊属殺人罪の違憲無効判決はその典型例ですね。

それ以外にも、すでに紹介した中古ゲーム販売訴訟のように実定法上は明記されていない法理を導入したケース、「条理」による作為義務を肯定した「ニフティサーブ現代思想フォーラム事件」（東京高裁判決平成一三年九月五日）などもあります。当時、パソコン通信会社が提供していた電子掲示板で発生した名誉毀損に関して、掲示板の管理者は名誉毀損発言を削除しなければならないか、それが法的義務かどうかが問われたものです。原告は管理者が削除しなかったことを根拠として損害賠償請求をしたのですが、そのように不作為の責任を認めるためにはまず作為義務、すなわちその行為をしなくてはならないという法的義務が必要です。

＊ニフティサーブ現代思想フォーラム事件　一九九四年、パソコン通信の電子会議室における発言が名誉毀損にあたるという理由で発言者、苦情にもかかわらず当該発言を削除しなかったという理由で電子会議室の管理者とその使用者である運営会社に対し損害賠償が請求された事件。ネット上の発言に対して名誉毀損や管理責任が問われたリーディングケースになる。

――たとえば医師は診療に関する契約に基づいて患者を手当てする義務があり、だからこそそれを怠れば「不作為による責任」が生じる。でも誰かが溺れているところに通りかかった人が救助行為を行なわなくても、そのような責任は生じない。なぜなら彼には助けなくてはならない法的義務がないからだ、ということですね。

はい。もちろん道徳的な義務とか倫理的な責務とかは別の話ですけどね。医師の場合であれば診療を受け付けたことによる契約、診察・治療の求めに応じなければならないという応招義務（医師法（昭和二三年法律二〇一号）一九条一項）が、そのような作為義務の根拠になるでしょう。では、掲示板の管理者の義務を基礎付けるものは何か。

――それが「条理」だというのですね。でも条理とは何ですか？

ものごとの道理とか考えの筋道といった意味で、あえて乱暴に言えば、まあ普通に考えればそうなるだろうという話です。明治維新の直後、まだ日本の法整備が十分に進んでいない段階で制定された「裁判事務心得」（明治八年太政官布告一〇三号）という法令があります。根拠となる法律がなくても事件や紛争は発生し、一定の裁判を行なわなくてはならないという状況で、明治政府は「民事の裁判に成文の法律なきものは習慣に依り、習慣なきものは条理を推考して裁判すべし」と命じました（三条、かな書きに改め濁点、読点を補った）。法律がなければ社会一般の習慣に基づいて、それもなければものごとの道理を考えて結論を出せ、というのですね。この太政官布告はいまでも明示的には廃止されておらず、その規定が有効かどうかには争いがあります。いずれにせよ重要なのは、**明示的には書かれていないもの・成文法以外のものが根拠として裁判の結論が決まる可能性はある**ということでしょう。

あえてその側面を強調すればということにはなりますが、裁判の行方には出たとこ勝負で予想できない性格が、常につきまとっています。それでも賭ける、だからこそ賭けるという当事者の決断を、専門家や社会一般の観点から軽々に否定することはできません。

6　政策形成訴訟が支えてきたもの

さらに言えば、特に戦後の日本社会を振り返ったとき、いま問題にしたような「政策形成訴訟」

が担ってきた社会的意義や豊富な実績があるのですね。それは、典型的には公害や薬害の告発であり、それらの犠牲者に対して社会・政府が適切な対策を取るべきだというアピールを社会へ向けて展開してきたという事実です。またそれにより、裁判で用いられる考え方も政府・行政のあり方も実際に変化してきました。

民事責任に関する原則は、過失責任主義だと考えられてきましたね。

――はい、不法行為による損害賠償が認められるためには、民法七〇九条に基づいて、①行為者の故意または過失により、②被害者の権利や法的利益が侵害され、③行為と被害のあいだに因果関係が存在する必要があると理解されています。また、これらは原告である被害者が証明しなくてはなりません。

そうですね。そして③因果関係についてはまず「あれなくばこれなし」（conditio sine qua non）という事実的因果関係が考えられるのですが、責任が認められる範囲が広くなりすぎるので、ある程度限定するために相当因果関係という考え方が持ち込まれました。たとえば交通事故の被害者が救急搬送されたところ担当医が長年の仇敵だったので刺し殺されたというケースで、最初の事故がなければ被害者が病院に運ばれることもなく、担当医に会うこともなかったので殺害されることもなかっただろうから「あれなくばこれなし」で因果関係あり、交通事故の加害者に被害者死亡の責任を負わせるというのはあまりに不条理だというわけですね。**行為から侵害までのあいだに誰か別**

の人の故意・過失による行為が介在するような場合には元々の因果関係が「切断」される、そのような事情がないものが「相当因果関係」だということです。言い換えれば相当因果関係は「あれなくばこれなし」であっても因果関係を認めないための基準、より高度の証明を求めるものだと言うことができます。

さて問題は、たとえば大気汚染による公害のように特定の誰かに直接的な影響を及ぼすのではなく、一定の範囲の人々の生活環境を悪化させることで確率的に被害を生じさせるような事例でした。

――四日市ぜんそくがまさに典型ですね。複数の企業によるコンビナートからの排気に含まれた亜硫酸ガスの影響で、風下の集落で多くの喘息患者が発生した事件でした。

そうですね。第一に、化学物質への耐性には体質や健康状態による差がありますから、同じ条件なら全員が同じ結果になるというわけではありません。人体実験もできませんから、特定の条件と被害の関係を科学的に立証することも困難でした。第二に、原因となる化学物質は複数の企業から排出されていました。どこか特定の企業の排気がなければ被害が生じなかったという「あれなくばこれなし」の関係を証明することも難しかったということになるでしょう。どちらの観点からも、それまでの実定法や法解釈の常識に照らして勝ち目があるかと聞かれれば難しいということになったでしょう。

しかしその懸念を乗り越えて提訴された「四日市ぜんそく訴訟」（津地裁四日市支部判決昭和四七

年七月二四日）において「疫学的因果関係」の主張が認められました。

——ある要因が存在する対象とそうでない対象をグループとして比較し、特定の事象が出現する割合の違いを調査することで因果関係の存在を推定するという、疫学研究の手法に基づくものですね。

はい。四日市の事例ではその比較を通じて、汚染物質を含む大気にさらされる集落とそれ以外の地域では喘息患者の発生割合が大きく異なることが示されたため、他に影響の考えられる特段の事情が認められるような場合を除けば「大気汚染の影響を認めてよい」と判断され、被告企業の損害賠償責任が認められました。こういった訴訟により、一面ではそれ以降人々が結果を予測する基礎になる法解釈が変化したと言うことができるでしょうし、他面ではそのことを前提とした政策実現や法整備が進んだとも言えます。具体的には、さまざまな公害対策立法や大気汚染対策の補助事業（学校への空気清浄機・クーラー導入など）ですね。

＊四日市ぜんそく訴訟　高度経済成長期に石油化学コンビナートが造られた街の一つ、四日市市で、地域住民の間に広がった激しいぜんそく被害がコンビナートからの化学物質によるものと疑われたが、該当企業が積極的な対応を取らなかったため、一九六七年に被害者らが企業に対して損害賠償請求を起こした事件。

相当因果関係の範囲内ではありますが「一点の疑義も許されない自然科学的証明ではなく、経験則に照らして全証拠を総合検討し（……）通常人が疑を差し挟まない程度に真実性の確信を持ちうる」「高度の蓋然性」があれば因果関係は認められると判示した「ルンバール事件」（最高裁判決昭和五〇年一〇月二四日）も医療事故に関する訴訟で、加害者（と疑われたもの）と被害者のあいだに知識水準や専門性の大きな格差がある事例でした。たとえば専門家と一般人・大企業と住民といったように、近代法の建前上は平等・対等とされながら、実際には大きな格差がある当事者間のトラブルが、現代では多く発生するようになっています。そこで適切な解決を導く法解釈や理論を確立するために政策形成訴訟が大きな役割を果たしてきたことは、きちんと評価するべきでしょう。

＊ルンバール事件　一九五五年、化膿性髄膜炎で東京大学医学部附属病院に入院していた三歳児について、快方に向かっていた病状が腰椎穿刺（ルンバール）検査の直後に急変し、重度の後遺症を残すにいたったため、医師の過失を原因とする損害賠償を請求した事件。

7　五五年体制と不動の立法

しかし問題は、政策形成訴訟が前提としてきたような状況がいまもなお続いているのかという点にあります。たとえば公害訴訟の背景を考えましょう。高度経済成長の時代、産業発展と経済成長を実現させることは国民の大多数の支持するところだったでしょうし、大企業などの産業界もそれを求めていました。彼らに支えられた自由民主党がほぼ単独で長期政権を実現していたのが、いわゆる五五年体制ですね。

それによって日本が世界有数の経済大国へと発展し、国民の生活状況や利便性も向上していく一方で、経済成長のいわば負の側面が集中したのが公害問題でした。その被害者の数も経済成長の受益者である国民全体と比較すれば少数にとどまります。問題性を指摘し、政策形成訴訟を支援したり環境政策の推進を提言したのも、当時の日本社会党や日本共産党といった政治的な少数勢力でした。安定的な大多数と特定少数という構図において、多数決を旨とする政治プロセスによってそれを改善するのは難しかったと指摘することができるでしょう。

実際にも、五五年体制の下で我が国の主要な法律はあまり変動しませんでした。もっとも典型的なのは刑事法の分野で、日本国憲法が成立した直後、それに対応するための改正（典型的には皇室を対象とする不敬罪や、男女間の不平等があった姦通罪の廃止）を済ませたあとは「ピラミッドのように沈黙する」（松尾浩也『刑事法学の地平』（有斐閣、二〇〇六）四八頁）と表現されるほどの状態にありました。

――尊属殺人罪が、違憲判決（最高裁判決昭和四八年四月四日）を受けてもなかなか改正されなかった背景にはそういった事情もあるのでしょうか。

大きく言えばそうかもしれません。つまり政治的な意味を持つ対立が重要な要素だったという趣旨ではです。現在の刑法は明治四〇年に制定されたものですから、もともとは文語体でカタカナ表記です。濁音や半濁音も用いられていないため、とにかく読みにくいという批判はありました。内容面でも新派刑法学の最盛期に制定されたものなので、たとえば罪刑法定主義が刑法の明文上は規定されていないなどの批判もありました。

――新派刑法学というのは……

犯罪は個々人が自由意思に基づいて反社会的な行為を選択した結果なので、それに対する道徳的な応報として加えられるのが刑罰であると考えるのが旧派刑法学で、ヨーロッパでは一八世紀後半から一九世紀前半にかけて主流になりました。人間は平等でありすべて理性的な存在だと想定する点において、市民革命を経た近代の理念に忠実だったわけですね。この考え方では、まず刑罰の程度は行為の「悪さ」に比例すべきですから法定刑――特定の犯罪に対して規定された刑罰の種類と幅――は狭く規定されることになりますし、どんなに犯罪へと誘惑された個人でも最後の一瞬に思い直して実際の行為には出ないかもしれないわけですから、未遂や予備といった現実の犯罪行為以前の段階を処罰することは避けるべきだと主張されます。

これに対し、たとえば**貧困や教育の欠如といった環境要因によって犯罪に訴えざるを得ない状況は考えられるだろうと指摘したのが、新派刑法学**です。一九世紀後半以降、資本主義の発展による格差拡大を原因とする犯罪が存在することが認識されたことにより、多くの支持者を集めることになりました。こちらの考え方によれば、たとえば犯罪以外に所得を得る能力を持たないとか、そもそも犯罪が「悪いこと」だと理解する機会がなかった犯罪者に対しては、単に罰を加えるのではなく教育によって道徳意識や稼得能力を身に付けさせることが重要だということになるのですね。そうでなければ当人の内部にある危険性を「治療」することはできないのだ、と。

――環境によって生み出され、本人の意思とか自覚で完全に解決できるわけではない問題の存在を認めるわけですね。現代でも通用する考え方だと思いますが。

一面ではそのとおりです。しかし同時に、たとえばその内面に秘めた危険性が外見的な特徴に反映しているはずであり、それを統計調査を通じて明らかにすることができるという「科学的な」学説を生み出したりもしました。死刑囚の頭蓋骨のサイズや形状を観察したり、受刑者と兵士の容貌や骨格を比較することで「犯罪者には一定の身体的・精神的特徴が認められる」という結論にたどり着いたチェーザレ・ロンブローゾ（イタリア）が典型例ですね。このような観点に立てば、危険性を秘めた生来的な犯罪者が実際に犯罪を実行してしまう前に「教育」する方が望ましいということになるでしょう。未遂や予備、あるいは陰謀のような早期の段階で国家が介入することが正当化される側面を持つわけです。

あるいは法定刑についても、同じ類型の犯罪であっても個々の犯罪者が持つ危険性は異なるでしょうから、広めに設定して具体的な事案ごとに弾力的な判断をするよう裁判官に委ねることになるでしょう。現行刑法は故意に人を殺す行為をすべて殺人罪（一九九条）としており、法定刑も五年以上無期までの懲役か死刑と、かなりの幅があります。これはたとえば多くの英米法国が第一級謀殺（周到な計画・準備に基づく殺害）・第二級謀殺（事前の故意による殺害）・意図的故殺（故意はあるが計画性のない殺害）を区別してそれぞれ異なる法定刑を規定していたり、快楽殺人や嬰児殺を通常の殺人とは別の類型として規定している大陸法国が見られるのとは対照的です。新派刑法学の問題性も意識されるようになり、両者のバランスとか折衷が重要だと考えられた時代から見ると、日本の刑法はあまりにも新派的である、という批判はあったわけですね。

8　行き詰まる刑法改正

加えて日本国憲法との整合性という問題も生じたわけですから、片山哲内閣（一九四七～四八）で司法大臣を務めた鈴木義男が参議院司法委員会で述べているように、「刑法全体を新らしい精神に則りまして改正する必要」があり、「〔応急的改正の〕仕事を一通り終りまして、一段落いたしたときに、根本的全般的な改正に着手いたしたしたい」（第一回国会参議院司法委員会議事録六号）というのが広く共有された認識だったと言えるのではないでしょうか。

そして実際にも一九五六年には刑法改正準備会が組織され、五年後には「改正刑法準備草案」が完成、法制審議会への諮問（一九六三）へと段階を踏んでいったわけですが……

——そこで頓挫したのですね。

はい。一九七四年に法制審議会で「改正刑法草案」が決定されますが、この内容に対しては刑法学者に加えて日弁連（日本弁護士連合会）など多くの実務家からも批判があり、結局この草案は国会に提出されることもなく棚上げの状態が続きました。

そのような状況が生じたのは、この草案が当時の学会や社会で大きく意見の分かれる問題に踏み込んだからでした。その典型として指摘されるのが「保安処分」の導入です。具体的には、犯罪を犯したが精神障害によって責任能力がないと判断されたような場合を対象にした「治療処分」や、薬物中毒が犯罪の原因になっている場合の「禁絶処分」が提案されていました。

――実際に危険を生じさせたものへの対処としては理解できるような気もしますが……

心神喪失者の免責を定めた現行刑法の三九条に対して「危険性の高い精神障害者を野放しにしている」といった批判が広く聞かれるようになり、殺人などの重大犯罪を犯した場合には鑑定入院や追跡観察などの措置を取ることを定めた「心神喪失者等医療観察法」（平成一五年法律一一〇号）が導入されたあとの観点から見れば、そうかもしれませんね。犯罪行為に繰り返し関与しながら精神障害を理由として処罰を逃れてきた人間が児童八名を殺害した「大阪教育大学附属池田小学校事件」（二〇〇一）の与えた衝撃も大きかったところです。

＊大阪教育大学附属池田小学校事件　二〇〇一年、大阪教育大学附属池田小学校に侵入した被告が、児童八名を殺害し、児童一三名・教諭二名に傷害を負わせた事件。被告には事件の前に複数の犯罪歴があったものの、多くは精神障害を理由に不起訴処分となっていた。二〇〇三年に大阪地裁で死刑判決（確定）、翌年に執行された。

しかし他方でこの案では治療処分の期間を三年と定め、二年間の更新を二回までに限って可能としながらも、「死刑又は無期もしくは短期二年以上の懲役にあたる行為をするおそれが顕著な者については、この限りでない」（一〇四条二項）としていました。つまり一定の危険性があるものについては無制限に収容することが可能になっていたわけですが、そこで条件となっている再犯の危険性を客観的・合理的に評価することができるかという懸念は当然あるわけです。

さらに言えば、刑事裁判の結果として刑罰の代わりに言い渡される場合を原則としつつ、保安処分に付す要件が満たされていれば「独立の手続」が取れるようにもしていました（一〇一条二項）。政府側の要綱案によればこれは①責任能力がないのが明確なので刑事訴追しない場合、②告訴がなければ訴追できない親告罪について告訴がない場合などを想定していたようなのですが……

――どちらにしても政府に悪用されれば公開の法廷を経ることもなく無制限の収容を可能にする結果になる、と疑われたのでしょうか。

そういうことです。最終的にはこれらの判断を行なう検察・裁判所・医療機関などを信用するかどうかという問題に帰着しますが、当時の政治状況はそこで信用するのが当然だと多くの人が考える状態ではなかったということでしょうね。それだけ政府側、すなわち長期政権を維持していた自民党を支持する人々と、それに反発する側の対立が激しかったということでもあるでしょう。

もちろん改正刑法草案には、対立の焦点となった「改革」だけでなく多くの人が納得するような

「改善」、たとえば罪刑法定主義や事後法の禁止を明記するとか（一条・二条）、どの程度の処罰を科すかについては「犯人の年齢、性格、経歴及び環境、犯罪の動機、方法、結果及び社会的影響、犯罪後における犯人の態度その他の事情を考慮」しながら「犯罪の抑制及び犯人の改善更生に役立つことを目的としなければならない」と定めるような内容（四八条二項）も含まれていたのですが、それらもいわば「同じ穴のムジナ」として棚上げにされてしまいました。

最終的にはそのほぼすべてをあきらめ、口語化・現代用語化に限定することによってようやく両派の合意が形成され、一九九五年の全面改正にこぎ着けることができたわけです。その際に実現した数少ない実質改正の一つが、すでに違憲無効判決の対象となっていた刑法二〇〇条の削除だというわけですね。

9　立法の再活性化

しかしこのように激しい左右対立とそれによる「立法のイモビリズム」、つまり**立法は動かない、実質的な問題解決の役に立たないという状況は、ほぼその時代を最後として急速に変化することになります。**主立ったものだけでも見ていきましょうか。

一九九五年　刑法の口語化改正

一九九六年
民事訴訟法の全面改正（現代用語化・公判前の争点整理手続の整備・上告の制限など）
二〇〇〇年
犯罪被害者の権利保護を強化（公判傍聴や記録閲覧の改善、被害者参加の規定）
二〇〇二年
委員会等設置会社制度の導入（商法）
二〇〇四年
有期刑の上限引き上げ・殺人罪などの重罰化（刑法）
国選弁護制度を被疑者段階にも一部拡大（刑事訴訟法）
行政訴訟制度の改善（救済範囲の拡大、出訴期間の延長、仮の救済制度の創設など）
裁判員制度の導入（二〇〇九年より実施）
法科大学院の創設
民法（第一編〜第三編）の全面改正（口語化、保証制度の改善）
二〇〇五年
会社法（平成一七年法律八六号）を新設、商法から独立させる
商法の全面改正（口語化、有限会社制度の廃止と合同会社制度の導入など）
二〇〇六年
国際私法に関する「法例」（明治三一年法律一〇号）の全面改正（「法の適用に関する通則

法」に改称）
新司法試験開始（法科大学院修了者対象）
二〇〇七年
被害者救済のための損害賠償命令制度を創設（刑事訴訟法）
二〇〇八年
保険法（平成二〇年法律五六号）を新設、陸上保険制度を商法から独立させる
二〇一〇年
殺人罪・強盗殺人罪などについて公訴時効を撤廃（刑事訴訟法）
二〇一七年
民法の債権法部分を全面改正

法哲学者の井上達夫は、このように「文字通り「基本法」と呼べる分野での大きな法改正が矢継ぎ早になされる「立法の再活性化」とも言うべき現象が起こっている」ことを指摘しています（「『立法学のフロンティア』刊行にあたって」井上達夫（編）『立法学のフロンティア1　立法学の哲学的再編』（ナカニシヤ出版、二〇一四）・i頁）。さらに言えば、「政治主導」の名のもとで矢継ぎ早の立法が進行するようになったことも指摘できるでしょう。たとえば二〇一二年には「古典の日に関する法律」（平成二四年法律八一号）というものが議員提案によって成立していますが、その内容は

○目的規定「この法律は、古典が、我が国の文化において重要な位置を占め、優れた価値を有していることに鑑み、古典の日を設けること等により、様々な場において、国民が古典に親しむことを促し、その心のよりどころとして古典を広く根づかせ、もって心豊かな国民生活及び文化的で活力ある社会の実現に寄与することを目的とする。」（一条）
○「古典」の定義（二条）
○「古典の日」を十一月一日とする（三条一・二項）
○国と地方公共団体に
・古典の日にはふさわしい行事を実施する
・国民が古典に親しむ機会を増やすなどの施策を講じる努力義務を課する（三条三・四項）

というものです。

――意味あるんですか？

あまりないでしょうね。法律で定める必要のある事項を、「法律事項」と呼びます。具体的には、**国民に義務を課したり国民の権利を制限するためには法律の根拠が必要だというのが通説**ですから（侵害留保説）、そのようなことを政策として実現しようとすれば必ず法律という形式を整える必要があります。しかし逆に言えば、国民の権利を制限することもなく、一方的に恩恵だけがある政策、具体的には補助金制度の創設などは予算という現実のカネの裏付けさえあれば十分で、法律を整備する必要はないわけです。

この法律の内容も予算措置だけで十分に可能なことですから、法律事項はありません。必要のない法律なら作るなと、内閣法制局での審査を受ける内閣提出法案であれば言われるでしょう。所管の官庁(このケースでは文部科学省でしょうか)が政策として立案し、予算を獲得すれば十分だと。

しかし国会議員には、一般的にそのような行政府内の政策形成過程に関与するチャンスがありません。野党議員であれば普通に考えてそうでしょうが、与党の議員であっても大臣や副大臣・政務官というかたちで官庁内部の意思決定に対する公式の権限を手にする人は一握りです。そのような状況で、一定の政策実現に努力せよというプレッシャーを行政府に対してかける手段として、議員立法が使われていると考えるべきでしょう。

10 議員立法の活性化

同じ年に行なわれた著作権法改正の経緯も興味深いものです。映画や音楽のファイルがインターネット経由で不正に共有されていることに対して、権利者団体側から規制強化の要求がありました。すでに二〇〇九年の改正で民事的な違法行為とはされていたのですが状況が改善しないとのことで、違法ダウンロード行為自体を犯罪として処罰すべきだというのですね。

しかし、文化庁に置かれた審議会(主に文化審議会著作権分科会私的録音録画小委員会)での検討過程では時期尚早との判断になり、政府提出の改正案には盛り込まれませんでした。インターネット利用の多くが自宅・自室などのプライベートな空間で行なわれている以上、そこで発生したダウンロード行為を確認・摘発することは困難だし、悪用されれば別件捜査の理由になりかねないというのが一因です。

ところが政府案からは削られたはずの内容を、自民・公明など当時の野党議員が中心となって議員提出の修正案として国会審議の際に提案し、これが可決されてしまったのですね。

――野党提案なのにですか？

国会運営をスムーズに進めるための政治的取引があったのではないか、という話ではあります。ここでも、その結果に対する評価は別の問題として、かつては行政府に立案のイニシアティブがあった立法過程のパワーバランスが大きく変動し、立法府で「政治」の実質が活発に機能するようになったという事態が指摘できるでしょう。少し長くなりますが、再び井上達夫の評価を引用しておきます。

「政治主導」を推進しようとする政党とそれを支持する世論からの圧力の高まりとともに、従来立法過程で専門知に基づきテクノクラート的コントロールを加える役割を担った関係諸官庁・法制審議会・内閣法制局などの影響力・権威が相対的に低下し、政党・政治家の側でも、

> 政権交代の常態化傾向、衆参ねじれの頻出、族議員など閣外有力与党政治家が実権を握る「党高政低」から内閣主導の「政高党低」への与党内閣間の力関係の推移などにより、従来の立法システムの支柱をぐらつかせる変動が起こっている。（井上前掲、ii頁）

もちろんそれを支える要因として指摘できるのは、一九九三年の選挙制度改革以降に制度的な政治が活性化し、政権交代が可能であり現実化するような状態に移行したことですね。非自民連立政権（一九九三～九四）の成立と五五年体制の終焉、民主党政権（二〇〇九～一二）はその象徴と言えるでしょう。「立法の再活性化は、五五年体制下の従来の立法システムの基盤変動と、前者が後者を惹起し、かつ後者によって惹起されるという形で、相互依存的に連結している」（同）というわけです。

井上によれば、このような状況だからこそ司法の（juris-）哲学（prudence）としての法哲学（jurisprudence）を超えた立法の哲学、制度的には政治を通じて実現される立法（legis-）のあり方を理論的に分析し、可能であればその適切さ・正しさを導く指標を提示することのできるような「立法学」（legisprudence）が必要だということになるのです。

11　変わりゆく政治の姿

すでに述べたように、政策形成訴訟が本来目指すところは広義の「政治」、自分たちが正しいと考える政策を実現するために多くの人の同意を集めようとすることです。かつて制度的な政治、つまり選挙によって代表者を選び、彼らが国会で作り出す立法によってさまざまな社会的資源の配分を調整するというルートの機能が不十分だったり、少数派など特定の人々から遠くて手が届かなかったりしたのは間違いないことでしょう。国会がピラミッドのように動かないからこそ、裁判所というスフィンクスが吼えなくてはならないのだ、とたとえられたこともありました。

しかし、仮にその状況が変わり、制度的な政治を通じた政策実現や多数派形成が十分に行なえる状況になったとしたら、にもかかわらず**政策形成訴訟という手段にこだわり続けることは正しいのでしょうか**。過去における一定の成果を認めるとしても、それが裁判という制度の寄生的・派生的な利用だという性質は否めませんし、それによって**司法府に本来は必要のない負荷が生じている懸念もあります**。

変わりゆく政治の状態を踏まえたうえで、**裁判制度の利用方法を位置付け直す必要があるの**ではないでしょうか。

第６章　裁判は手段であって目的ではない――訴訟の機能を支えるもの

《この章で扱うこと》
・裁判は論理による決定手続として、法律家などから強く期待されてきた
・裁判が機能するためには、実効性などを担保する他の社会制度が必要になる
・裁判は紛争解決の一つの方法にすぎず、自己目的化して考えるべきではない

1　なぜ訴訟なのか？

――政策形成訴訟が裁判制度の本来の利用方法ではないとして、政策形成であれば立法府への働きかけを考えるべきだ、ということになるのでしょうか。

でも、政治の変化は多くの法律家も実感していることのはずです。なぜ、いまでも政策形成訴訟を通じて主張を実現しようとしたり、そのような正義の実現を裁判に期待し続けているのでしょうか。なぜ、直接的な政治参加や政治への働きかけは進まないのでしょうか。

自分が関係しているものは価値があると思いたいからじゃないですか。

――それだけですか?

いや冗談です。もちろんそれだけではないでしょう。

たとえば戦前の日本では行政権が強く、司法権も多くの面でそれに従属していました。行政訴訟を管轄する行政裁判所は通常の裁判所とは独立して行政府の内部に置かれており(大日本帝国憲法六一条)、当時の最高裁判所にあたる大審院のコントロールは及びませんでしたし、裁判官にあたる「評定官」も三分の二程度が行政官の出身だったため、政府側に有利な結論が出やすかったと指摘されています。

通常の裁判所についても、予算と人事の面で司法省(現在の法務省に相当)のコントロールを受けていたため、独立性に限界があったという評価が一般的です。これらの問題が大正デモクラシーで一旦は成立したかに見えた民主政の定着を妨げ、軍国主義への転落をもたらしたという反省から、より強い司法府と裁判の機能が必要だという意見は広く見られるところでした。**裁判を正義の実現**

手段として期待し、働きかけを続けることで、そのような強い司法府を実現することができる、それに近付くという考え方はあるかもしれません。

あるいは、法律を作るのは政治であり、それは選挙が典型的にそう見られているようにベタベタした人間関係や利権のうごめくもの、理屈や論理ではなく力とカネの世界なのだといった見方も、特に法律学の関係者にはあるかもしれませんね。立法学（第5章10）に関する国際雑誌が刊行される際にも、編者たちの序文で同様のことが指摘されています。つまり、法理論はこれまで立法を非合理的な権力ゲーム、まさに「政治」の場だと考え、理論的な考察の対象にしてこなかった。だからこそ、理論的な検討と蓄積を持たないままその機能が肥大していったことによる質的な劣化が問題になってきているのだ、と（Luc Wintgens and Jaap Hage, "Editors' Preface", *Legisprudence: International Journal for the Study of Legislation*, vol. 1, no. 1, 2007, pp. iii-iv.）。「理」の世界に生きようとする法律家が現実の政治を見下すのは、洋の東西を問わないということなのかもしれません。

2　裁判の合理性

日本においては、法哲学者・田中成明による「法の三類型モデル」を、裁判の持つ合理的な性格を中心にした自己理解の典型として挙げることができると思います。彼によれば法とは、これまでしばしばそう考えられてきたような「強制的命令システム」ではなく、人々が自主的な交渉や理性的な議論を通じて他者との関係を調整する場としての「議論・交渉フォーラム」です。そのような場でものごとを判断するための正しさの根拠は「対話的合理性基準」、つまり「各議論領域の主題・論拠・情報などを構成・規律する共通観点の相互了承を背景的コンセンサスとして、公正な手続に従った討議・批判・説得などの対話的議論を通じて形成される理性的な合意を核心的な合理性・正当性の識別基準とする」ものになるというのですね（田中成明『現代法理学』（有斐閣、二〇一一）三六二頁）。

――ちょっと複雑なのですが……

多少乱暴ですが要約すると、こういうことになります。まず、他者との対話が成立するためには、何について・どのように議論しようとしているのか、たとえば勝敗の基準は何かといったことについての合意があらかじめ存在している必要があります。「とにかく寿命が延びるのが正しい」というお医者さんと、「患者本人の苦痛が少ない方がいい」というお医者さんが、そのような差があるということを意識しないまま特定の患者さんの具体的な治療について相談しはじめても、話は前に進まないでしょうからね。このような場合には、治療結果の判断基準はどうするかという前提問題を議論し、その結果を共有しておかないと議論にならないというわけです。

さて共通の土台を設定することができれば、「対話的議論」に入るでしょう。自分の主張を裏付ける根拠を出したり、相手の見解を批判したりしながら互いに同意できる結論はないかと探り合うわけですね。ここで証拠の捏造や相手を誤信させるようなトリックを使ってはいけませんよ、というのが「公正な手続」の内容になります。もちろん、自分だけがしゃべり続けて相手の発言を封じるようなことも禁じ手だ、ということになるでしょう。

その結果として一定の同意に到達することができればそれが「理性的な合意」であってめでたしめでたしですが、現実にはそうならないことがあるでしょう。具体的には相手の表情が気に入らないという感情的な要因や、理性的合意の結果が自分に不利になりそうなので納得したことにしたくないという利害要因が考えられます。こういった非理性的な要素によって理性的合意の形成と実現が妨害されないようにするためには、それらを排除するための制度が必要になります。一定の結論こそが理性的な合意になるはずのものであり、それに反する現実の主張を排斥する。それを当事者の態度如何に関わらず実現する……

――それが裁判だ、ということになるのでしょうか。

そのとおりです。**当事者主義によって行なわれる民事裁判とは、そのように両当事者が理性的な主張を繰り広げたのち、それに基づいたあるべき結論を裁判官という中立の第三者が指し示すもの**と位置付けられることになるでしょう。このような機能こそが、近代西欧法をそのモデルとする「自立型法」であり、法的空間の中核となるべきものです。

もちろん現実的には、政治的決定を執行する行政プロセスなど、法の領域の視点に立てば所与の目的を一方的・効率的に実現することを目的とする「管理型法」もあれば、別に裁判の場とは関係なく当事者間の直接交渉や私的なコミュニケーションを通じて合意が形成される「自治型法」もあるでしょう。この「自立型」「管理型」「自治型」に分類するのが「法の三類型モデル」の趣旨でした。しかし、管理型や自治型の法が機能する場合でももし話がもつれて訴訟になったらどうなるかという予想が、当事者には存在するはずです。

たとえば遺産の分割を考えると、まずは残された遺族のあいだでの話し合いになるでしょうし、その結果がどのようなものであれ——たとえば家業の継承者である長男に全財産を相続させて妻も他の子供たちも放棄するとか、老後のことを考えてとりあえず妻にすべて集めることにするとか——全員が問題なく合意できるのであれば、それで構わない。しかしその場合でも、たとえば相続を放棄することになる次男は「法定相続分による分割を主張すればどうなるか」「自分が負担した介護に相当する寄与分を主張すればどうか」というように、法律や裁判による解決が行なわれた場合を比較対象として念頭に置いているはずだということですね。放棄してもらう側もそのことを理解して、何らかの別の手段で財産的な配慮をするとか、せめて感謝の念を示すといったことを考えるし、さもなければスムーズな合意形成など不可能だろうと。

こういった意味で**管理型や自治型の法も、常に自立型の法を「あるべき姿」「規範的な状態」としてにらみながら機能している**ことになる。その意味で、**法の世界の中心にあるのは裁判であり、法律家こそがそれを担う**のだというモデルですね。

3　権利のための闘争？

欧米においては、すでに紹介したように「権利のための闘争」（ルドルフ・フォン・イェーリング）が国家・社会のための義務でもある、自己の正当な利益を主張することを通じて正しい社会秩序を形成し、法の発展にも寄与するものと理解されてきたと言われています〔第4章8〕。これに対して、黒白をはっきりさせることによって共同体の和を乱すことを恐れる日本人は弱い権利意識しか持っておらず、訴訟を通じて自らの主張の当否を争うことを嫌うのだと主張した川島武宜『日本人の法意識〔岩波新書〕』（岩波書店、一九六七）も、論理を通じて勝敗が判断される裁判という場がもっとも高貴なのだ、正義に近いのだという価値観を共有していると言うことはできるかもしれません。そのような観点から日本社会を遅れたもの・未発達のものと位置付け、経済社会の発展に伴って日本人の法意識が向上すれば訴訟件数も増加し、紛争処理において裁判が占める地位も中核的なものへと変化していくに違いないと予測したわけですね。しかし……

――どうも現実にはそうならなかったのではないでしょうか。民事訴訟の件数で見ると、高度経済成長を経て日本が広く先進国と認められるようになったあとの段階で見ても、人口あたりの数値は極めて低いようです。

そうですね、一九九〇年時点でのある統計では、人口一〇〇〇人あたりで年間に生じる一般民事訴訟の件数はフランス一八・八件、ドイツ二四・六件、イギリス五〇・五件、アメリカ（アリゾナ州）五四・四件に対し、日本は一・六件とされています。まさにケタ違い、ということになるでしょうか（Christian Wollschläger, "Historical Trends of Civil Litigation in Japan, Arizona, Sweden, and Germany: Japanese Legal Culture in the Light of Judicial Statistics", in: Harald Baum (ed.), *Japan: Economic Success and Legal System*, Walter de Gruyter, 1997）。

近年行なわれた国際的な意識調査によれば、日本とアメリカの権利意識の強さには大きな差はなく、いずれも国際的には中程度だとの指摘もあります（法意識国際比較研究会「契約意識の国際比較—二二ヵ国／地域実態調査から」『名古屋大学法政論集』一九六号、二〇〇三）。弱い権利意識から強い方向へ、それに対応して少ない裁判件数から多くなっていくという単線進化論は、どうにも怪しいのですね。

4　司法制度改革と日本型ロースクール

もちろんこれに対しては、弁護士の人数でしばしば示されるように司法セクターの人的能力が足りないからだという主張が、典型的には展開されてきました。日本人の権利意識も強まっており、本来は法廷へと紛争を持ち込んで解決することを考えているのだが、法律家が不足しているのでやむを得ず他の手段に訴えているのだ、というわけですね。このような見方もあって推進されたのが一九九〇年代後半の司法制度改革であり、二〇〇四年の法科大学院（日本型ロースクール）制度導入だ、ということになるのですが……

——どうもあまり成功しているという話を聞かないのですが。

そうですね。二〇〇一年に出された「司法制度改革審議会意見書——二一世紀の日本を支える司法制度」では、二〇一八年頃にフランスと同程度の実働法曹人口を実現するため、二〇一〇年を目処として年間の司法試験合格者数を三千人程度にすることが、目標として提言されました。日本型ロースクールは、それを実現するための手段と位置付けられていたことになります。

——「フランスと同程度」というのは……

二〇〇五年くらいのデータですが、人口と法曹人口、そして人口一〇万人あたりの法曹人口はおおむね以下のようになります。

フランス	人口　六〇〇〇万人、	法曹　四万七〇〇〇人、	対人口比　七九人
アメリカ	人口　二億九四〇〇万人、	法曹　一〇七万三〇〇〇人、	対人口比　三六五人
日本	人口　一億二八〇〇万人、	法曹　二万五〇〇〇人、	対人口比　二〇人

なお**先進国で比較するとアメリカは法曹の対人口比率が最多、フランスは日本を除いて最少**という位置付けでした。そのフランスと比較しても法律家が四分の一程度しかいないことが裁判から人々を遠ざけている、「二割司法」と呼ばれたのですが、社会全体で生じた紛争のうち五分の一だけが訴訟になり、他は別のところで——公的なところでは調停・仲裁などの準裁判的な手続きや行政による介入・調整、私的な交渉や和解もあれば、違法なところでは暴力団などの反社会的勢力の関与なども考えられます——処理されていると理解されていたことになります。

その状況を根本的に変化させ、人々が訴訟によって紛争を解決できるようにするためには、司法サービスの供給を画期的に増やす必要があるだろう。そのためには、従来のように年一回の司法試験という限られた機会に頼るのではなく、学校教育によって制度的に、一定の能力を備えた法律家を安定的に養成する必要がある。だからロースクールだと、こういうわけですね。こういう発想自体、他の紛争処理手段と比較して裁判は優れたものであるという前提に立たない限り理解不能であることは、言うまでもありません。もちろん反社会的勢力の関与に比べれば望ましいでしょうけどね。

しかしどうも、少なくとも**期待したほどには、訴訟手続とそれを担う法曹に対する需要が日本社会には存在しなかった**ようです。日本型ロースクール制度の発足した二〇〇四年の弁護士数は二万二二四人、それが一〇年間で三万五〇四五人まで増加しました。

——約七五％増、ということになります。

はい。法曹人口を増やすためにそれまで年間約五百人だった司法試験合格者数の枠を緩めはじめた一九九一年頃には一万四千人程度でしたから、そこから見れば二・五倍まで増加したということになります。

一方、弁護士の収入・所得に関する調査結果を見てみましょう。法務省が主体となり、最高裁・日弁連が協力して実施された「法曹の収入・所得、奨学金等調査の集計結果（平成二八年七月）」によれば、まず経験年数別の所得平均値は、二〇一〇年と一五年のあいだで以下のように変化しています（いずれも現在の司法試験合格者に限定、二〇一〇年分のデータは異なる実施主体によるもので調査票の回収率が異なるため、比較の際には注意を要するとの注記あり）。

	一年目	五年目	一〇年目
二〇一〇年	五四六万円	一一〇七万円	一二五三万円
二〇一五年	三二七万円	六八六万円	一〇二四万円

さらに言うと、これは平均値のデータですから、少数でも多額の所得を得ている人がいると全体が引き上げられてしまいます。中央値、つまり人数でちょうど真ん中の人の数字がどうなるかを見てみると、次のようになります。

	一年目	五年目	一〇年目
二〇一〇年	四八〇万円	八五一万円	一〇九一万円
二〇一五年	三一七万円	五七二万円	七三九万円

いずれも相当明確に低下傾向を示しており、法曹人口の増加に比例した需要拡大は生じなかったとは、少なくとも言えるのではないでしょうか。所得分布を見ても、二〇一五年には一年目の弁護士で所得二〇〇万円未満が一八・七%にのぼっており、かつてのように**弁護士は儲かる仕事・法曹になれば食うに困らないというイメージではとらえにくくなっています。**

あるいはそのことを反映してでしょうか。制度発足時の二〇〇四年度には国内すべてのロースクールを合計すると七万二八〇〇人の志願者がいたのですが、〇九年度には三万人を切り、一六年度には一万人を下回りました。入学者数の方も、〇四年度の五七六七人から〇九年度に五千人を割り、一六年度には一八五七人となっています。

——二〇一〇年には司法試験合格者が三千人になっているはずだったのでは……

二〇一一年から司法試験予備試験といって、ロースクールを修了しなくても司法試験の受験資格を得ることのできる制度が導入されました。こちらの合格者が年間数百人（たとえば二〇一六年度には四〇五人）いますが、それを加えても三千人の合格者を選ぶだけの十分な母数は得られないでしょう。合格者数は二〇〇八年度から一三年度までほぼ二千人強で推移し、一四・一五年度は千八百人強、一六年度はついに一五八三人まで低下しました。

当然ながらと言うべきか、各ロースクールの経営・運営状況も悪化しており、制度発足期に設立された七四校のうち、すでに三五校が廃止・学生募集停止にいたっています（二〇一七年九月現在）。全体としては（自分も法科大学院教育のごく一部であれ担っていたことを考えると言いにくいところはありますが）無残な失敗と総括するよりないでしょう。

自立型法による紛争解決こそ理想的なものであり、人々は裁判で実現する正義を求めている。だからこそその制度を支えるにふさわしい法律家を供給・維持する体制を整えるのだという理念は、その根底から覆っているようにさえ思える状況です。

	志願者数	入学者数
2004 年	72800	5767
2005 年	41756	5544
2006 年	40341	5784
2007 年	45207	5713
2008 年	39555	5397
2009 年	29714	4844
2010 年	24014	4122
2011 年	22927	3620
2012 年	18446	3150
2013 年	13924	2698
2014 年	11450	2272
2015 年	10370	2201
2016 年	8278	1857
2017 年	8159	1704

中教審　法科大学院特別委員会資料
（平成29年５月17日）

5　擾乱をもたらしたもの

——でもどうしてそうなってしまったのでしょう。

通常の社会には存在する暴力や権力の影響をできるだけ排除し、論理・理性に基づいた議論によって紛争を解決するのが理想的だという考え方は、ごく自然なもののように思われるのですが。

亀田俊和『観応の擾乱〔中公新書〕』（中央公論新社、二〇一七）という本があります。

——なんですか急に。室町幕府の成立後しばらくして、初代将軍の足利尊氏・彼の執事だった高師直と、尊氏の弟である直義が対立した事件（一三五〇～五二）ですね。

はい。実父とされる尊氏と不仲で直義の養子になっていた足利直冬や、尊氏の嫡男・義詮（のちの二代将軍）も加わり、対立していたはずの南朝を巻き込みながら戦いました。亀田先生の本はその事件について、これまで通説的な地位にあった佐藤進一の見解——尊氏と直義が「二頭政治」を展開しており、前者による「主従制的支配権」すなわち武士を家来として従える棟梁としての機能と、後者による「統治権的支配権」つまり全国を領域的に支配する能力が対立したことから事件が発生した——を批判的に検討したものです。その点も含め、非常に複雑な展開をたどったこの事件が理解しやすく整理されていて非常に興味深い著作なのですが、我々法律家にとっても重要な問題が指摘されています。

ポイントは、直義による政治が不評だった原因の一つにあります。亀田先生によれば、尊氏は恩賞の給付や守護の任命を除いて政務をほぼ手放しており、事件前の室町幕府はほぼ「直義が事実上の最高権力者として主導する体制」（同九頁）でした。そこで彼は、荘園等の領有・管理をめぐる紛争である「所務沙汰」を処理するために「引付方」という訴訟機関を設置し、鎌倉時代以来の訴訟手続を復活させます。その特徴は「理非糺明」、すなわち原告・被告の両当事者から意見を聞いて判断を下す点にありました。

訴人《そにん》（原告）の訴状を受理した引付方は、論人《ろんにん》（被告）に対する陳状《ちんじょう》（反論の訴状）提出の要求や出頭命令などを行った。訴状・陳状の応酬が原則三回繰り返され（三問三答《さんもんさんとう》）、法廷に訴人・論人が出頭して直接対決が行われる場合もあった。そうした手続きを経て下知状の草案が作成され、下文と同様に評定に上程されて直義の決裁を仰いだ。（同六頁）

「下知状」というのは所務沙汰の判決にあたるものです。

――現在の観点から見ても、近代的ですぐれた裁判制度のような気がします。

一方、直義と対立することになった義詮は理非糺明を担っていた引付方を廃止し、訴訟制度の大幅な改革を試みます（一三五二）。具体的に言うと、訴人（原告）の提訴を受けてただちに「沙汰付命令」つまり執行命令を交付する、原則として理非糺明は行なわないというのですね。これを「一方的裁許」と呼ぶそうです。観応の擾乱が収束し、義詮の権力が確立されても、そのような方針は維持されています。

――裁判としては退化してしまったのではないですか？

しかし、当時の人々から不評を買い、直義政権への不満を蓄積することによって「擾乱」の一因になったのは前者・理非糺明型の訴訟であり、擾乱の収束からやがて三代将軍・足利義満にいたる室町幕府の安定と最盛期をもたらしたのは後者・一方的裁許なのです。

さきほど述べたとおり、このような制度の原型は鎌倉幕府期に成立しています。三代執権であった北条泰時が幕府の制定法として編纂した「御成敗式目」（一二三二）によって導入され、五代・時頼によって拡充されました。この時代の執権政治は、武士勢力とは敵対的な立場にあった南朝の北畠親房によっても賞賛されていましたし、足利直義も同様に理想視したからこそ、その訴訟制度を自らの統治において引き継ごうとしたということになるでしょう。そして、そのような評価は「現代の中世日本史研究者も同じである」（一四二頁）と亀田先生は指摘しています。歴史学だけでなく、我々のように法律学の領域でも同様の見方がおそらくは主流なのでしょうね。

6　訴訟の理想と現実

しかし、そのような見方には大きな欠落がある。それは**このように設計された制度が当時の社会において現実にどう機能していたか**というポイントです。亀田先生は、訴訟制度の研究が進み、当時の実態が解明されたことをふまえて、理非糺明型の訴訟が実効性を失っていたことを指摘しています。長くなりますが、引用しましょう。

現実の裁判では、そもそも論人が幕府の陳状提出や出頭などの命令に応じない事例が非常に多い。しかし幕府は、命令を無視し続ける論人を特に罰することなく、同じ命令を繰り返し発し続ける場合が多かった。

やっと論人が応じても、まだまだ道は険しい。論人の多くは、論点をすり替え拡散させ、問題をいっそう複雑にしていく傾向があった。審議は多大な時間を要し、その間論人は所領の押領や年貢の不払いを継続し、さらに論点が増加して難解になっていった。（……）ようやく勝訴の判決が下されても、まったく安心はできなかった。論人が越訴《おっそ》や覆勘《ふっかん》と呼ばれた控訴の手続きを取れば、訴訟はまた振り出しに戻る。（同一四三頁）

もともと所務沙汰で想定されているのは、原告の領地を被告が不当に占拠しているとか、管理者として納付すべき年貢を納めないといった事態です。使用収益の現実的な可能性は被告の側にあり、特に自らの行為が不当であることを理解しているような被告の観点に立てば、裁判の結果が出るのが遅れれば遅れるほど使用収益が可能な期間が延びますから有利になります。逆に原告の側は収入源を奪われていますから、訴訟が長引くほど弱っていくことになるでしょう。やがては訴訟に必要な経費すら支払えなくなって泣き寝入り、ということになるかもしれません。

後知恵ではありますが、その状況で被告が訴訟の円滑な運営に協力するはずがないのですね。

――訴訟を遅延させることが被告にとって合理的だという事情は理解できます。であれば、それが裁判制度の目的や正義に反するという理由で規制すべきではないのでしょうか。具体的に言うと、命令が無視されても幕府側が特に強制的な措置を取っていないことが問題なのではないでしょうか。

一面ではそのとおりです。現代の訴訟であっても引き延ばしをたくらむ当事者は確実にいるわけですが、限度を超えた場合には裁判所が介入するわけですね。たとえば現在の日本の民事訴訟では擬制自白といって、被告が裁判に欠席すれば原告の主張を認めたものとして扱われるのが原則です（民事訴訟法（平成八年法律一〇九号）一五九条三項）。証人として必要であれば裁判所によって呼び出してもらうことができますし（一九〇条）、正当な理由なく出頭しない場合には制裁も規定されています（一九二―一九四条）。

しかし第一にこれらの規定は、現在でも普通の人が思うほど強制的に機能しているわけではありません。たしかに原告が民事訴訟を提起すればその内容を記載した「訴状」が届き、反論の書面（答弁書）を出した上で第一回口頭弁論（法廷での最初の手続き）に出頭するよう促されます。その日程は先方の都合で勝手に決められたもので、被告の予定は考慮してもらえません。

しかし、だからこそと言うべきか、**答弁書で争う意思があることを明確にし、都合のために出席**

できないことを記載すれば、第一回口頭弁論ではその内容が陳述されたものと看做すことになっています（擬制陳述・一五八条）。「やる気はあるんだな」と認めてもらえればそれ以上に強権的な手続きにはならないということですが、それを受けて第二回以降の日程調整はあらためて行なうことになりますから、そこで引き延ばしを試みることも可能になってしまうかもしれません。

そもそも日本の裁判は「雨だれ式」の審理などと呼ばれていて、一〜二ヶ月に一度のペースでしか法廷での手続きが進まないために非常に長い時間がかかると批判されてきました（その主因は裁判官・検察官・弁護士といった法曹の数が少ない結果として忙しすぎることにあったと思いますが……）。このような状況が続いては司法に期待される役割を果たすことができないという理由で制定された「裁判の迅速化に関する法律」（平成一五年法律一〇七号）の目標が「第一審の訴訟手続については二年以内のできるだけ短い期間内にこれを終局させ」ることと明記されている点からも（二条）、それを超えるのも珍しくないという実態が読み取れます。このような批判に対して、長引いているのは事実関係が複雑だったり当事者に争いがあるような難しいケースが中心で、三ヶ月以内で第一審での決着が付いているケースが多いという反論も展開されてきましたが、きっと鎌倉・室町時代の裁判でもその点は似たような状況だったでしょうね。

あるいは証人についても強制力を用いて呼び出す制度があるのは事実ですが、現実にはほとんど使われていないそうです。無理に証言させても本当のことを言うとは限らない、むしろ気を悪くして不利な証言をされたら元も子もないといった事情が指摘されています。

もちろん行き過ぎた訴訟遅延行為と考えられたものに対して裁判所が強権を発動するケースもあ

り、刑事訴訟ですがオウム真理教事件の麻原彰晃被告の事例はその一つと言えるでしょう。評価は分かれるかもしれませんが、第一審の死刑判決に不服として控訴したのち、その内容・主張を記載する申立書（控訴趣意書）を高裁が当初定めた期限までに提出せず、延長した期限にも提出しなかったので、その約七ヶ月後に控訴棄却が決定されたという事例です。手続きの不備が是正されなかったので控訴審の実質に入ることなく訴訟を打ち切るという趣旨ですね。弁護団（第一審を担当した国選弁護人一二名全員が辞任したあとを引き継いだ二名）としては、被告の精神状態に問題があったので意思疎通が行なえず、控訴趣意書の内容に関する相談もできないという理由で精神鑑定を求め、その内容に関する争いを行なっていたところだったのだ……という主張だったのですが（のち控訴棄却決定に対する異議申立て・特別抗告とも棄却されたことにより一審判決が確定）。

中世日本ほどではないにせよ、**現代においても訴訟は原則として各当事者の協力によって成り立つ制度であり、確信的にそれを妨害しようとする当事者に対してできることには限界があるとは指摘しておくべき**でしょう。離婚後に親権を持てなかった側の親が子供を連れ去ってしまう事例の解決に苦労している点も、その一環でしょうね。

7 強権を裏付けるもの

さて第二に、それでも現代日本の裁判が場合によっては強権を発動することができているのは、それを支える実力を持っているからですね。具体的には民事訴訟の結果として得られた強制執行の手続きを実施するための「執行官」という機関が地方裁判所に置かれていたり、その執行に対する抵抗を排除するために警察の援助を求め得ることが規定されていたりします（民事執行法（昭和五四年法律四号）六条一項）。映画『ミンボーの女』（伊丹十三監督、一九九二）でも、ヤクザの事務所に不作為の仮処分命令を送達するシーンで、執行官とそれを支援する警察の姿が描かれていました。

しかし、鎌倉・室町時代の裁判にそのような実力はあるのでしょうか。

――裁判を担当していた実務家やそれを指揮していたのは武士たちであり、自らの武力を持っていたと思うのですが。

そうですね、そして原告も被告もその多くがそうです。寺社も権利・利益・安全といったものを守るために自ら武装していたり（僧兵）、武装勢力を取り込んだり（神人《じにん》）していましたし、酒屋などの大商人も武家と臣従関係を結んでいざというときに守ってもらえる関係を構築していました。後者を契機として、酒屋の妻が寝取られる寝取られないのトラブルからあわや京を二分する武力紛争に成長しかねないところ、室町幕府八代将軍・足利義政の仲介で何とかおさまった話が清水克行『喧嘩両成敗の誕生（講談社選書メチエ）』（講談社、二〇〇六）で紹介されています。

――どうしてそんなことになったのですか？

政府（当時は幕府ですが）の実力が十分に強くなかったから、というのが典型的な解答でしょう。いま述べたように、そのような状況で「守るべきもの」を持つ人々はそのための実力を備えている勢力と連携しようとします。彼らが必要とするもの——たとえば資金や商品——を提供する見返りに、いざという場合の保障を手に入れるわけですね。日本史で勉強したと思いますが、封建制の基本的な構造は「御恩」（領地の給付）と「奉公」（軍事奉仕）の対価関係にあります。その上下を逆転させれば、このような保障契約を理解することができるでしょう……現代ヤクザの「みかじめ料」だ、という見方も可能でしょうが。

頼られる武士たちの側でも、単独では緊急事態に対処できない場合のことを考えます。より大きな武力を持つ上位の武士に従属したり、あるいは同じくらいの実力を持つ武士同士で連合して助けあう盟約を結ぶでしょう。このように垂直・水平で緊急時に対する保障体制を構築しあった結果、下の方で生じた小さなトラブルを解決するために上へ（垂直）・横へ（水平）へと支援要請が拡大していき、紛争がたやすくエスカレートする構造になっていたようです。

このような状況で、自らもそのような武力の一つであるにすぎない幕府の裁判担当者が強権を発動することは可能でしょうか。あるいはそのような武装勢力の親玉たち、言い方を変えれば「守護」として数ヶ国を支配し、配下の武士を組織しているような人々相互の紛争が生じたとき、それを強制的に止めることのできるような実力が幕府になかったことを一因として大規模化・長期化し、最終的には幕府体制全体の崩壊に近い弱体化をもたらしたのが応仁の乱（一四六七〜七七）だったことを思い出してもいいでしょうね。

『観応の擾乱』の少し前にベストセラーになった呉座勇一『応仁の乱――戦国時代を生んだ大乱〔中公新書〕』（中央公論新社、二〇一六）は、そのように誰もコントロールできない紛争が成長して京の街と幕府体制を焼き尽くしていった事態を、まさに大和国を支配していた興福寺の僧侶とその体制を支える武力であった衆徒の視点から描き出したものでした。

ここからも、裁判を含む支配体制が正常に機能するためにはそれを実現し強制するための機構と適切に組み合わせられている必要があるという認識ができると思います。

8 「合理化」する訴訟

少なくとも多くの正常な場合において、訴訟の当事者というのは、自分の主張を裏付ける正当な理由があり自分が勝つのが正義にかなっていると信じているものです。両当事者が同じようにそう信じているからこそ当事者同士の交渉や当事者の自主性を重んじた和解・調停といった手続きでは紛争を解決することができず、強制力を伴う裁判に訴える必要があるのですけれどね。

しかしその正しさを信じている当事者からすれば自分の主張が採用されるのは当然のことで、そのために必要な手続きは、多かれ少なかれコストであるにすぎません。それはできるだけ少ない方がいい、カネも時間もかからずに結果を手にできる方が望ましいと考えるのは、自然なことでしょう。現代のように裁判が一応はまともに機能している場合でもそうでしょうが、訴訟遅延や妨害工作が横行している状態では、なおのことそう思うのではないでしょうか。その状況で、しかし当事者同士の意見交換が大事だと理非糺明の手続きにこだわる直義が武士たちの支持を失う結果に終わったのも、当然なのかもしれません。

亀田先生は、端的にこう指摘しています——「正当な根拠を有する（と確信する）訴人にとっては、わざわざ論人の主張を聴く必要など存在しない。早く勝訴の判決を拝領し、守護の沙汰付で所領や年貢を奪回したい。こう希望する訴人たちに、義詮の改革は大歓迎されたに違いないのである」（亀田前掲、一四四頁）。もちろん訴える側が正当な根拠がないことを知っていながら訴えたような場合はどうか、訴えられた側にも適切な根拠がありそうな場合はどうかと、我々は考えたくなります。だから「理非糺明の訴訟が完全になくなったわけではない。論人の主張も聴く三問三答の制度も存続した。重要なのは、幕府が本当に問答が必要であると判断した案件に理非糺明を限定するようになったことなのである」（同二四五—二四六頁）。

この部分に「合理化する訴訟」という見出しが付けられていることの意味を、我々は重く受け止めるべきだと思うのです。**裁判はあくまで何らかの社会的な目的を実現するための手段である。**さまざまな長所を備え、他の制度に対して優越すべき局面が多い手段ではあるのかもしれないが、しかしあくまでも目的ではないのだ、と。

第７章　政治は私的利害の追求（だけ）ではない
――議員立法と少数者の人権保障

《この章で扱うこと》
・少数者だけの権利に関する立法も現実に行なわれている
・立法の成否は、一致した協力の構図を描けるかにかかっている
・政治家には、公益実現を目指す同僚という側面もある

1　少数者の問題と政治

――裁判を通じた課題解決に一定の問題がありそうだというのはわかりました。しかしその一方で政治は多数決の世界ですから、非嫡出子の法定相続分問題に関して泉徳治裁判官が指摘したように、少数者が抱える問題の解決には限界があるのではないでしょうか。

まず、そのような傾向が一般的に考えられることを否定する気はありません。問題を抱えた少数

者が政治プロセスへの参加からも疎外されている場合にはさらに深刻な状態になることが考えられ、その場合は司法が積極的に問題解決に取り組む必要があるかもしれません。

しかし具体的にその問題がどの程度深刻かについては、もう少し考えてみる必要があるでしょう。たとえばすでに説明した成年被後見人の選挙権・被選挙権回復に関する問題ですが〔第5章2〕、内閣府の資料によれば、成年後見を受けている人の数は増加傾向にあるものの、二〇一五年末の時点で約一五万三千人にとどまります（成年後見制度利用促進委員会事務局「成年後見制度の現状」平成二八年九月二三日）。選挙権・被選挙権を制限してきた公職選挙法の規定によって直接的な影響を受けていたのはかなり少数に限られるということになると思いますが、**立法を通じた制度改善は実現**しました。

——それは司法からの違憲無効判決が影響したのではないですか？

一面ではそのとおりでしょう。しかし他方、まだ地裁判決が出た段階に過ぎず、高裁・最高裁で争う余地が十分にありました（実際に政府としては控訴手続を取っています）。にもかかわらず、訴訟で実際に争われた範囲を超えた制度改善が行なわれたのは、明らかに政治のイニシアティブによるものと言えるのではないでしょうか。

2　性同一性障害特例法が意味するもの

あるいは、性同一性障害に関する事例を見てみましょう（参考、谷口功一「「性同一性障害者の性別の取扱いの特例に関する法律」の立法過程に関する一考察」『法哲学年報二〇〇三―ジェンダー、セクシュアリティと法』（有斐閣、二〇〇四）二一二―二二〇頁）。

「性同一性障害」とは、自分がどのような性別を持っているかという自己認識（性自認＝性同一性）と身体的な性別が一致しない状態のことで、国際的な診断基準にも収載された医学的な疾患だと考えられています。たとえば女性の肉体に生まれながら「自分は男性である」という性自認を持っているため、第二次性徴に伴う乳房の発達や生理の開始によって違和感・嫌悪感を覚えたり、女性として扱われることからの精神的な苦痛を覚えたりするのですね。このため、性自認に一致するように肉体に変更を加える処置、たとえばホルモン療法や性別適合手術が選択される例がしばしば見られます。

しかし肉体を変えても法律上の性別、特に日本の場合には戸籍に記載された性別は変わりません。このため、外見上の性別と戸籍記載の不一致に悩まされるとか、たとえば男性としての性自認を持つ人が女性パートナーと婚姻することができないなどの不都合が生じていました。

――「イギリスの議会は何事をも為し得る。男性を女性にし、女性を男性にすること以外は」

という言葉を聞いたことがあります。

イギリスの国制が「議会主権」と呼ばれるほど立法を通じて行使されるその権限は強いのですが、それでもできないこと、不可能なことの代名詞と考えられてきたわけですね。しかし日本では二〇〇三年に、この状況が大きく変わります。

——「性同一性障害者の性別の取扱いの特例に関する法律」（平成一五年法律一一一号）の制定ですね。

はい。この法律は、家庭裁判所での手続きを経ることで、性同一性障害を持つ人が戸籍上の性別記載や法令上の性別の取扱いを変えられるようにするためのものでした。この時点では①すでに二〇歳以上で、②その時点で婚姻しておらず子もいない場合に限り、かつ③性別適合手術を受けていることが条件であったため、対象者が限られており全面的な救済にはなっていないとの批判もありました。しかしとにかく法的な救済への道は開かれたことになるでしょうし、②のうち「子」の部分がのちの改正で「未成年の子」に改められるなど（平成二〇年法律七〇号）、制度の改善・拡大も進んでいます。

ところでこのケースですが、率直に言えば対象となる人数は成年被後見人と比較しても少数であるにもかかわらず、議員立法により制度導入にいたっています。具体的に言うと、日本精神神経学会がこの問題に関する主な専門医療機関を対象に調査した結果によれば、受診者の総数は二〇〇七年末までのベ七千人強、一人の患者が複数の医療機関で受診したケースもあるので、実数はこれ以下だったと考えられます。

もちろん逆に、まだ受診にはいたっていなかった人やさまざまな事情で医療機関に行くのを避けていた人もいたでしょう。当事者団体である「日本性同一性障害と共に生きる人々の会」がとりまとめているデータによれば、前述の特例法に基づいて性別変更の手続きを取った人の数は年ごとに見ても増加傾向にあり、二〇一六年末までに累計約七千人に達しているとのことです。このままの傾向が続くかどうかはわかりませんが、それでも成年被後見人と比較してケタ違いに少ないと言うことは許されるのではないでしょうか。

にもかかわらず二〇〇〇年には当時の与党であった自民党内に勉強会が組織され、〇二年には公明党・民主党もそれに続き、〇三年までに法案の取りまとめが終わって前述のように国会へ議員立法として提案され、衆参両院とも全会一致で可決成立されることになりました。もちろん当事者の人たちの働きかけ・運動があってのことではありますが、このような経緯を、たとえば「政治家は利害関係者の支持や投票を目的としてのみ行動する」といった説明で理解することは困難ではないでしょうか。

3 難航する夫婦別姓問題

これと比較すると興味深いのは、いわゆる夫婦別姓の問題です。ご承知のように、日本では法律上の婚姻をする際、必ず夫婦どちらかの氏に統一する必要があります(民法七五〇条)。制度的には男女の地位は平等であり、夫・妻どちらの氏を採用しても構わないことになっているのですが、現実には九割以上のカップルが夫の氏を名乗ることにしていると言われています。

――その方が一般的だからとか、明治時代以来の家制度の影響もあって男性こそ家長であり、嫁入りの場合にはイエの苗字を名乗るのが普通だと考えられているとか、そういうことでしょうか。

おそらくそうでしょうね。結果的に、女性の多くは婚姻に伴って氏を変更することになっているのですが、これに伴ってさまざまな社会的不利益が生じることが意識されるようになりました。従来から、たとえば銀行口座の名義変更などの負担はあったわけですが、女性の社会進出が進んで独自のキャリア形成を進めるようになると、仕事上の手続きや人間関係への周知連絡、これまで旧姓で挙げてきた業績が継続的に認識・評価されるかといった問題も生じてきたのですね。

このため、婚姻前の氏を継続的に使用したいという希望が、特に女性のあいだから強まることになりました。そのある程度は「旧姓の通称利用」、つまり戸籍上の氏とは別の問題として、仕事に関連するさまざまな手続きではそれまでの氏を継続使用することを認めるという制度でも吸収することができます。しかし、運転免許証など公的な身分証明書類の多くは戸籍上の氏によってしか作ることができないために通称との関係をいちいち説明する必要が生じるとか、医師を含め戸籍上の氏を使うことしか認められていない国家資格が相当数存在するなどの問題も指摘されており、完全な解決と考えることはできません。

そこで民法の現行規定を改正し、当事者が選択した場合には婚姻前の氏を夫・妻それぞれが継続して利用できるようにしようというのが「選択的夫婦別姓制度」です。当事者が統一することに同意した場合には現行制度と同一の取扱いを認めますから、婚姻してもそれぞれの氏を変更しないという制度とは異なります。中国や韓国は、長らくそういった慣習でしたね。

さてこの問題については、現に生活上の不利益が生じていること、当事者が相当の数にのぼること、いま述べたとおりオプションとして夫婦別姓を認めようとするものであって従来どおり同姓を選択したい人々には影響しないことなどから、関係する研究者や実務家のあいだでは積極的な意見が強かったと思います。実際、一九九四年には法務省から「婚姻制度等に関する民法改正要綱試案」が示され、一九九六年には法制審議会から民法改正案要綱が答申されるところまで進みました。これは選択的な夫婦別姓制度を導入し、別姓については子供の姓をあらかじめ婚姻の際に定めておくようにすることで不安定性をなくそうとするものでしたが、その後の立法措置はまったく進んでいません。政府は――民主党政権期（二〇〇九～一二）も含めて――この内容による民法改正案の国会提出すらできませんでした。野党からは導入のための民法改正案提出が超党派による議員立法として繰り返されていますが、まったく成功の見込みはありません。

人数で言えば、日本の人口の約半数は女性です。そのうちのどれだけが夫婦別姓制度が導入されれば利用したいと思っているのかはわかりませんが、現に社会生活を別姓で送っている人もかなりいることを考えれば、それほど少ない人数ではないはずだと予想できるでしょう。にもかかわらず進まない、わけですね。

この違いを、利害関係者の人数の違いによって説明することは可能でしょうか。

――人数の問題ではないとしたら、いったいどこに違いがあるのでしょう。

もちろん簡単に結論を出すわけにはいきませんが、いくつかのポイントを指摘することはできると思います。

4　統治者の不偏性

第一に、政治に関係する際に人は、狭い意味での自分の利害だけを追求しているわけではないらしいということ。仮にそうだとすれば、ごく少数の関係者しかいない性同一性障害の問題が立法的解決を迎えることはなかったでしょう。むしろ直接的な利害がない場合でも、「国民全体の利害」

とか「人権の保護」「正義の実現」といった理念を考慮して判断していると考えられるのではないでしょうか。

もちろんそれが個人的な利害と対立したり衝突したりする場合にどちらが強いか・どちらが実際に選択されるかというのはもう少し別の問題です。功利主義に立つ法哲学者である安藤馨は、あらゆる国民の功利（古典功利主義の場合、それは快楽から苦痛を差し引いたものと想定されているわけですが）、とりわけ典型的には人命に対して平等に配慮する義務（不偏性 impartiality）が、統治者には課されると指摘しています（「あなたは「生の計算」ができるか？——市民的徳と統治」『RATIO』〇六号（講談社、二〇〇九）二六—四九頁）。たとえば消防士は、自分の家が炎上するなかに妻子が取り残されている状況でも、百貨店のビルで大規模火災が生じて多数の人命が危機に瀕している場合には、後者の現場に駆け付けなくてはならない。人間としては前者に急ぐことが普通である・自然であると思われるとしても、公的な職業上の義務はそれと異なる問題である、と——「統治者は、自分と特別の関係にあったり偶然に視界に入った具体的な事例を、他の事例に比べて優先してはならないのである。統治に於いては人の生は不偏的に観察され計量され集計され評価されなければならない。統治は統治者の個人的情動に惑わされてはならない」（同三八頁）。

そしてポイントは、**国民主権を標榜する現行憲法体制において我々個々の国民はまさに統治者の一翼であり、あるいは少なくとも政治家や官僚といった公務員の行動をコントロールするはずの存在であって、**その限りで不偏性を実践しなければならないということです。安藤の刺激的な結論を引用しましょう。

もしあなたが、望まれれば統治の任を引き受けそれを良く果たそうとする覚悟のある主体であるならば、あなたは自らの情動を克服し冷徹な計算ができる、或いは少なくともその用意のある主体でなければならない。古典的な民主政ないし共和主義的市民像に於いて求められる市民的徳性のひとつは少なくとも、統治者のそうした冷徹な計算を理解して服従し政治社会の秩序に責任を持つ主体である、ということでなくてはならない。統治者と立場を交換する用意のない――いわゆる「抵抗」やら「反権力」やらといった身振り手振りの殆どにそのような気概と最低限の計算的知性の両方が見られることはないのだが――主体は決して統治者と対等に対峙する有徳な市民ではありえず、その代わりに自ら冷徹な計算を引き受けることなく自身の自然な情動に耽溺することを得る、不偏性と合理性の峻厳さに悩まされることのない「幸福な」二級市民としての地位を享受することだろう。(同四二頁、傍点ママ)

現実には自己の利害や自己に近しい人への配慮を計算に入れてしまうとしても、少なくともそれとは別に公的な視点、不偏性を満たす社会全体への配慮を理解しているのでなければ、それが可能な有権者が相当数存在するのでなければ、民主政それ自体が安定的に存続することはできないのではないでしょうか。その国民から、政治の直接的な担当者として選ばれる政治家については、なおのことです。

この観点からは、**性同一性障害を持つ人や成年被後見人については逆に対象が少数だから政治的**

な解決が可能になったということになるのかもしれません。つまり、直接的・間接的な利害関係者が少なかったためにそれぞれの政治家や彼らの行動を判断する国民の直接的な利害とバッティングすることも少なく、そのために公共的な観点・社会的な観点からの判断だけが機能することになったのだ、と。

――たしかに、夫婦別姓問題については直接的な当事者も多いでしょうし、であればそれに影響を受ける人の数も多いことになります。婚姻の相手が別姓を利用したいと主張するケースとか、新たに制度を導入した場合にはすでに生まれている子とか、あるいは親の世代の反応というのも考えられるでしょうか。

5　同僚としての政治家、ライバルとしての政治家

第二に、**議論がどこで進められていたか**にも注意する必要があると思います。性同一性障害特例法の事例では当時の政権の中心を占めていた自民党で議論が進み、連立相手である公明党、最大野党であった民主党にも拡大し、最終的に超党派の合意が成立したと考えられます。成年被後見人の事例では、公明党がまず中心となって連立相手である自民党へと議論を波及させ、最終的には与野党共同での提案から全会一致での議決に進んでいます。

これに対して、夫婦別姓問題ではそのような合意形成がうまくいかなかったようです。

――それはこの問題が家族制度に関する保守的な考え方と一致しないから、ではないですか。自民党にはそのような考え方に立脚した政治家がいますから、その合意を得ることは最初から無理だったのでは。

その考え方には、三つくらいの問題点があります。まず仮にそうだとすると、政権交代期を除けば自民党が常にこの国の議会における最大勢力でしたから、その合意抜きに立法的な問題解決は不可能であり、つまりこの問題は当初から解決不能だったはずだということになる点。つまり、さまざまな人による改正への努力は情勢を見誤ったものであり、当初からムダだったことになるでしょう。この場合、すでに述べたとおり政府内で法改正に向けた動きが進んでいたことをどのように説明するのか。もちろんその動きに関与した人々のなかにはおよそ政治的な事柄にうとい学者たちもいたでしょうが、特に事務局を含めれば、霞が関で与党との関係を日々扱っていたような実務家も少なくなかったはずです。彼らを含めて皆が思い違いをしていたという考え方は、どれくらい合理的でしょうか。

次に、成年被後見人についてはよくわからないとしても、性同一性障害の問題が保守的な家族観から積極的に解決すべきものとして位置付けられるとはあまり考えられないのではないかという点。実際、自民党内でも議論が始まった頃は同性愛（自分の性自認と同じ性別の相手を性的関心の対象とする）や異性装（性自認と異なる服装・外見を選ぶ）との区別がつかない人が多かったとの証言もあります〔上川あや『変えてゆく勇気――「性同一性障害」の私から〔岩波新書〕』（岩波書店、二〇〇七）〕。にもかかわらず最終的には問題解決に進むわけですから、保守的な政治家と位置付けられる人の数は自民党内でも実はそれほど多くなかったのか、彼らも含めて考えを変えていったかのいずれかだということになるはずです。どちらにしても、同意を取り付けるのは不可能だという主張は覆されることになるでしょう。

最後に、自民党が野党に転落していた時期にも立法が進まなかったことを説明できない点。これについては、民主党政権のなかで他の政策の方が優先順位が高かったからという説明も可能かもしれませんが、仮にそのとおり民主党においても優先順位が低く、自民党からは合意が得られないのであれば、そのような政策課題が実現しないのも当然だ、ということになってしまうかもしれません。

問題はむしろ、ここで出てきてしまったような政党単位の思考にあるのかもしれません。それぞれの政治家は、一方では政党に集結して政権獲得を争うライバルであり、選挙制度によっては直接その地位を賭けて戦う相手同士です。しかしその一方、一旦当選してしまえばその全員が「全国民を代表する」（憲法四三条一項）存在として同一であり、その意味で同僚でもあるという関係にあります。ライバルと同僚、どちらの性格が強く働くかは問題や状況ごとに異なるということになるでしょう。

――たとえば議員定数の削減に対しては基本的に現職議員の全員が反対するように、ということでしょうか。

まあそうですね。政治資金の規正や議員報酬をめぐる問題も似たような性格があるかもしれませんが、そのような共通利害だけではなく、共通の規範意識・正義感に訴えかけることも可能かもしれません。すでに述べたように、それは個々の利害に勝てるほど強くはないかもしれませんが、あまり利害関係がない場合には機能するかもしれないということです。

逆に言うと、**社会的な不利益や具体的な利害関係者がいても、それがライバル関係としての政治、政党間の勢力争いにおける対立軸と結び付いてしまえばそちらに覆い隠されてしまう**という事情があるのかもしれません。まだその存在が公式に認められる前、北朝鮮による拉致被害を訴える被害者遺族に対して当時の社会党関係者は極めて冷淡だったとの批判があります。それが事実だったとすれば、北朝鮮という体制に対する評価が当時の与野党間で大きく分かれており、拉致問題の真偽がそのような評価に大きく影響し得る問題だったことをその背景として想定することは、的外れではないでしょう。

このような観点から見た場合、もちろん制度の改善を求める当事者の気持ちは理解できるものの、一九九八年以降に野党側が議員立法として民法改正案提出を繰り返したことが、あるいは大きな影響を及ぼしたかもしれませんね。国会において比較的少数だから野党になっている以上、このような提案が投票による可決・成立へと進む可能性は、基本的にありません。その一方で与党との対立を強調することになり、その成否がライバル関係としての政治におけるアピール材料として使われてしまうだろうという予測が立てば、与党側が協力することは難しくなるでしょう。

ここまで指摘してきたように、国会という場を一つの焦点として行なわれる制度的な政治には実のところ、政権獲得をめぐる与野党間のパワーゲームという側面もあれば個々の政治家の権力維持・拡大をめぐる競争という性格もあり、社会全体の利益や普遍的な価値の実現を目的として協力関係を構築していく営みという性質も備わっています。そのような複雑性・多元性を無視し、単にうす汚い権力闘争の場だと決め付けてしまうことの裏返しから、「理」の世界として理解される裁判への過大な期待が生じるのではないか、とも思われます。

自分が正しいと考える意見に賛同する人を獲得し、その実現を図るという**機能的な意味での政治を考えたとき、その中心的な舞台はやはり制度的な政治なのだ、立法活動と議会であって裁判と裁判所ではない**のだということを、あらためて正面から考えるべきではないでしょうか。

第８章　民主政に「銀の弾丸」はない――国民主権と司法の役割

《この章で扱うこと》
・権力分立は、非効率であっても独走を防ぐためのシステムである
・司法府に対するコントロールは、現実にあまり機能していない
・政府内部の権限配分に沿った形で機能を発揮させる必要がある

1　権力分立の意義

――それでもやはり、現実の政治と比較した場合、裁判所や裁判の方が信頼できると感じる人も多いのではないでしょうか。少なくともかつての政策形成訴訟におけるように、裁判が正義の実現という観点で大きな役割を果たしてきたとすれば、今後もそれに期待してはいけないのでしょうか。

まず、基本を確認するところからはじめましょう。日本も含めた民主政国家の政府は「三権分立」という考え方で組織されていると、高校などの教科書では説明されていると思います。

――はい、常識的な理解だと思います。立法・司法・行政の三権に分けて相互に抑制均衡することが期待されているという内容でした。

そうですね、モンテスキューが『法の精神』（一七四八）で示したアイディアが基礎になっているようです。まあ現実には、特に行政権と立法権を厳格に区別しているのは大統領選挙と議会選挙がまったく独立して行なわれるアメリカのように特殊な例のみであり、日本を含む多くの国では議会多数派の支持に基づいて行政権の長が選ばれますから（議院内閣制）、両者の行動が基本的には調和していることが予定されています。その意味で「三」という数字がどのくらい本質的かは疑問で、**立法権＝行政権という強い結合に対して必要な場合には司法権がブレーキをかけることが期待されている「権力分立」体制だと理解した方が適当**だと思いますが、ここでは措いておきましょう。

ではそのような**三権分立あるいは権力分立は、なぜ必要なのでしょうか。**

私が長いあいだ勤めていた名古屋大学の法学部、正確にはその大学院は、法整備支援の一環として、アジアの体制転換国からの留学生を大量に受け入れているところでした。つまり、ベトナムやモンゴルのような社会主義国家が市場経済を導入することになると、私的所有権や土地登記のように経済のインフラ的制度、あるいはクレジットやフランチャイズのように複雑な契約類型がいきなり必要になります。あるいは、できあがった制度を運用したり改善していくことのできる人材も必要になるでしょう。これらの課題に直面した多くの国々は、そのための支援を国際社会に求めました。

それに応えて、東北アジア・東南アジア・中央アジアといったあたりの国々に対する支援の中心的役割を演じてきたのが日本です。具体的には、法律の制定・改正を法務省・裁判所・弁護士会などが支援していく一方で、人材養成への協力をいくつかの大学が主に担当することになったのですね。結果的に、日本人学生がロースクールに行ってしまったあとの大学院は、学生のほとんどが留学生になっていました。授業をやっているだけで異文化交流状態でしたね。

彼らの多くは、まだ計画経済の考え方を引きずっていたり、政治体制としては一党独裁の社会主義を堅持していたりする社会、我々を含む欧米のリベラル・デモクラシーとは異なる社会で育ってきています。我々にとってごく自然なことが彼らにはそうでなく、彼らが当たり前だと思っていることは日本の現実としばしば異なります。たとえば、支持率が下がった総理大臣が辞任するというのも彼らには相当に不思議だったようです。

――なぜですか？　民意の支えがないまま政権にとどまっても意味がないと思うのですが。

議会の多数を握っているという状態には変わりないから予算や法律を可決して政権運営を続けることはできるはずだし、うかつに辞めたら命が危ないじゃないかというのですね。日本では政権を失っても裁判で監獄に送られたり暗殺されたりはしないのだ、と説明したのですが、良い悪いではなくこのあたりにも政治というものが社会で果たしている機能の違いを感じるところではあります。

2　三権の分立と分担

その彼らになかなかわかってもらえない制度や理念というのがあるのですが、三権分立というのが実はその代表例なのですね。もちろん彼らも、三つの権力（立法・司法・行政）を区別できることは理解しているし、彼らの母国のほとんども同様の区別を持っています。彼らにわからないのは三権がまったく別のものだということ、互いに監視していること、そして対抗し・ときに対立するということです。

――どういうことですか？

ある法律の意味が不明確だとして争いが生じ、具体的な裁判に発展した場合を考えましょう。このようなときに（旧）社会主義国では、裁判所が議会に問い合わせる制度が広く見られるのですね。立法をしたのは議会であり、その内容については彼らがもっともよく知っているだろうから、聞けばいいというわけです。

あるいは三権は「分立」ではなく「分担」関係であり、違う機能を果たしつつ共通の目的実現のために協力するものだと表現されることもあります。その「目的」とは（少なくとも建前としては）人民の意思の実現であり、その人民の意思をもっとも直接に代表しているのは議会ですから、議会の意思・理解・解釈が絶対かつ最終的だと、そういうことになるのですね。つまり、日本を含む西側先進国が権力分立を掲げているのに対し、社会主義の理念は権力の統一にあります。

これに対して、国家内部に立法・司法・行政の対立と緊張関係を作り、相互監視させることで暴走を抑止するのが三権分立の重要な意義だと説明するのですが、するとしばしば聞かれるのは次のような疑問です……「でも先生、それは非効率ではないですか？」

3　三権分立の非効率性

ある意味で、それは間違いのない事実でしょうね。すでに説明したように、裁判所で違憲無効判決が下されれば何らかの対応が必要になります。憲法に反した法律が無効であり、それに基づいて行なわれた行政措置も無効だとすれば、結果として生じたさまざまな社会の状態も、元に戻さなくてはならないでしょう。そのような混乱を恐れるからこそ、非嫡出子の法定相続分違憲決定の際にはその効果を遡及させないという手立てを、わざわざ講じたわけです〔第４章７〕。

留学生たちの観点に立てば、しかしそのような問題を恐れなくてはならないのは裁判所が立法府と対立できるからです。民主政が人民の意思の実現であるならば、それを体現する立法府が行政・司法に対して優越するのが当然であり、それに反するような制度はその存在自体が許されないのではないか。それらを廃止すれば、人民の意思が立法府にのみ代弁され、すらすらと実現していく理想の民主政が実現するのではないか、というわけです。

日本でも「ねじれ国会」の時期に衆参両院の対立が生じ、さまざまな政治的意思決定が遅れたことがしばしば「決められない政治」と揶揄されたことを思い出しましょう。そのような状況を避けるべきだとするならば、そもそも対立の原因になるような分裂それ自体を排除してしまった方がいいのではないでしょうか。一定の期間内に必要な政治的決定が行なわれるという意味での効率性を重視するなら、三権分立によって生じる政府内の対立や、二院制に由来する衆参両院の対立を排除し、とにかく統一的な意思決定が行なわれるようなシステムの方が望ましいということにはならないでしょうか。

――でも、その結果として効率的に間違った政治が推進されたら大きな問題になるのではないでしょうか。スターリンによる大粛清を考えれば、それが権力の統一を指向した社会主義に内在的な危険だ、と指摘されることになると思います。

4　権力集中の危険性

もちろんそのとおりです。たしかに三権分立とは決定権を政府のなかで分散させる仕組みですから、当然ながら、分散させた決定が相互に対立した場合にどうするかという問題が生じます。あらかじめルールとシステムで対処しておくのであれ、当事者の賢慮に期待するのであれ、解決のための負担が生じ、全体の効率が落ちることは覚悟する必要があるでしょう。

一方で、そのような問題を避けようとすれば最善の制度はおそらく独裁になります。すべての権力を一人の人間に集中させ、彼の決定が最終的な権威を持つようにすれば、少なくとも相互対立や混乱の発生は避けられるに違いありません。ドイツにおけるヒトラーの独裁は、ワイマール共和国における民主政の混乱を乗り越えるために提唱されたものでした。政権獲得後にはドイツ国内の多様性・多元性——たとえば政治的にはドイツ帝国時代に独自の政治体制を持った「邦」（Land）であったことに由来する各州の強大な自治権限、文化的には方言に基づくドイツ語の表記方法（正書法）の違いや南北間の宗教的な差異——を解消して統一的な社会を作る「強制的同質化」（Gleichschaltung）も進められています。余暇の活動を共有することで身分の差を超えようとする「歓喜力行団」（Kraft durch Freude）の活動や、交通を通じて全ドイツの経済的・文化的交流を促進しようとしたアウトバーン（自動車専用高速道路）の建設、一般大衆でもその利便性を享受できるように進められた人民車フォルクスワーゲン計画などはすべて、この理念に基づいていました。

もちろん我々は、その帰結が人類最大とも評価される悲劇に終わったことを忘れるわけにはいきませんし、このように光の面だけをあえて数え上げたとしても、危険性の影は拭えないところです。たとえば社会的な階級の解消と聞けばすばらしいことのように思えますが、それは結局のところヒトラーに対する個人崇拝を強制する組織として機能しました。正書法の統一や、それまでのフラクトゥール体（ひげ文字）に代えて現在のような普通のアルファベットを使うようにしたことは我々のような外国人のドイツ語学習者からするとありがたい限りではありますが、それまでドイツ各地に存在した独自の文化伝統が忘れ去られる結果をもたらしたという評価も可能でしょう。ヒトラーがこれらのデメリットも考慮しつつ冷静な判断に基づいて一定の政策を選択したと、そう考えることができるでしょうか。

つまり独裁の問題点は、その行動に対する安全装置が欠けているところにあります。独裁者に対抗したり批判する動きは許されないし（レームを粛清した「長いナイフの夜」事件において、党内におけるかつてのヒトラーの対抗馬・シュトラッサーも暗殺されていることを想起しましょう）、何らかの事情で独裁者自身が決定を行なえない状況になれば、すべてが止まってしまうでしょう。連合軍がノルマンディに上陸した際、ヒトラーがすでに寝ていて指示を仰げなかったために機甲師団の投入が遅れたというエピソードは、象徴的ですね。何かが決まればいいというものではなく何が決まるかが重要なのだと言いたくなりますし、どんな人間も常に間違う可能性を抱えているからこそ、それに備えたブレーキが必要なのだということになるでしょう。

5　三権分立のメイン・ターゲット

つまりここに現れているのは、**効率性と適切性の古典的な対立**だということになるでしょう。そして一般論としては、効率性を重視すればするほど、暴走の危険性が増したり、決定の適切性が危機に瀕するということになるはずです。だからこそ権力の分割は必要だと、それを確認しておきましょうか。

――はい、そこで政府権力の一部が暴走しはじめた場合に備えた仕組みが三権分立だということですね。特に違憲立法審査権を見ると立法府の暴走が、あるいは行政裁判権に示されているように行政府の暴走が、懸念されているのではないかと思います。

そうでしょうね。三権相互の抑制均衡である以上は司法府に対する統制も想定されているはずなのですが、国会の制定した法律に準拠しなくてはならないというのは法治国家である以上当然のことですし、裁判官弾劾裁判所は国会に置かれますが、罷免にあたるような非違行為を裁判官が行なった場合というごく特殊なケースの問題です。そもそも弾劾に相当する場合に関する規定自体が「職務上の義務に著しく違反し、又は職務を甚だしく怠つたとき」「裁判官としての威信を著しく失うべき非行があつたとき」（裁判官弾劾法（昭和二二年法律一三七号）二条、強調引用者）ですからね。実際にも戦後を通じて九件しか、裁判が開かれた例がありません。

弾劾手続を開始するのは国会に設置された裁判官訴追委員会ですが、各裁判所長官・所長からの報告に基づいて訴追の可否を判断する以外に、一般国民からの請求を受け付けることになっています。現在の制度になった一九四八年から二〇一六年までにこの訴追請求は一万九二二〇件あったそうです。そのうち九四・九％は裁判官の職務上の不当行為（二条一号）を理由とするものですが、実際に弾劾裁判でそれにあたると判断されたのは二例だけです（簡裁判事があらかじめ署名捺印した白紙の令状を作成して職員に預けておいた事例（一九五五）、担当事件の弁護士からの収賄（一九八一）。意地悪く言えば司法消極主義どころではない、立法府の司法府に対する消極主義だということになるかもしれません。もちろん弾劾裁判所自身も含めて、訴追請求に正当性のあるものがほとんどないからだとこの点については説明するでしょうし、それは正しいと思いますから、これはただの皮肉ですが。

――正当性のない訴追請求ですか？

敗訴した当事者からの単なる不平不満が多い、という話ですね。

6 司法府への権限は実質的か

行政府から司法府への権限としては裁判官の任命権・指名権が挙げられています。たしかに憲法上、最高裁判所長官は内閣の指名に基づいて天皇により任命されますし（六条二項）、その他の最高裁裁判官は内閣により任命されます（七九条一項）。下級裁判所の裁判官は、最高裁の指名による名簿に基づいて内閣が任命します（八〇条一項）。これらからは、裁判官に対して内閣が人事上のコントロールを及ぼせるかのように見えるのですが、現実にはほぼそのようなことはありません。

第一に、最高裁の（長官を含む）裁判官については、一九六〇年代以降ほぼ「六・二・四・三」

の勢力比が固定されています。下級審裁判官出身の方が六人、検察官が二人、弁護士が四人、それ以外が官僚・外交官・大学教員で一人ずつですね。しかも人選については、出身母体からの推薦に基づいて行なわれているという見方が一般的です。たとえば裁判官出身の方が退官するときは最高裁事務総局、弁護士出身の方であれば日弁連が新任の候補者リストを作っているそうです。非公表なので詳細までは確認できませんが、リストに一人しか載せないことは認められないとか、リストで下位の人が選ばれたことはある、つまり内閣側の拒否権や逆転指名はあるという噂ではあるものの、推薦システムとまったく無関係の人が選ばれたことはないと言われています。これが本当だとすれば憲法上の人事権限は相当程度まで形式的なものであり、実質的なコントロールが可能なわけではないということになるでしょう。

第二に下級審の裁判官については最高裁が名簿を作るのですが、任命する必要のある数だけの候補者を並べた上で形式的に一人を追加したものだと言われています。内閣もその形式的な一人を除いて任命するのが通例であり、過去に破られたことはないとか。こちらでもやはり内閣の権限はごく形式的なものだということになるのではないでしょうか。

要するに**司法の暴走は、理屈としては考えられるもののあまり現実的な危機と考えられておらず、制度的な手当てもされていない**。それに対して立法府・行政府の脅威は現実的だと、そういうことになるでしょう。

7 立法府と司法府と民意

しかし、ではたとえば立法府の暴走というときの基準は何なのでしょう。どのような基準に対して「暴走した」から、司法府はブレーキを効かせるべきなのでしょうか。

――民意、なのではないですか？

しかし議会というのはまさに選挙を通じて示されたその民意に基づいて構成されるものですね。もちろん、選挙のときには有権者にウケのいい公約を掲げ、当選したあとでそれを覆す政治家というのがいないわけではありませんし、そこから訴訟が生じたこともあります（末広まきこ事件、一九九八）。それでも当該参議院議員が改選に挑んだ次の選挙であえなく落選しているようにそのようなことをすれば民意の報いがあると考えるのが普通でしょう。

＊末広まきこ事件　一九九五年の参議院議員選挙で愛知県選挙区から当選した末広まきこ議員は、選挙戦において無所属であることをアピールし、当時計画されていた愛知万博の誘致に反対することを公約として掲げていたが、一九九七年になって万博を推進していた自民党に入党した。当時の後援会長らがこれによって精神的苦痛を受けたという理由で提訴したが、第一審・名古屋地裁、控訴審・名古屋高裁とも敗訴している（確定）。

時間の経緯によって選挙の時点での民意（現在の議会構成に反映されている）と現在の民意が乖

離することはあり得ますが、だからこそ国民に信を問うための衆議院解散が制度として認められているわけですし、そのような手段のある衆議院の方がより国民に近い存在として、憲法上の権限でも優越することになっています。

これに対し、裁判所と民意の関係を保障する仕組みはどうなっているでしょうか。

——少なくとも制度的にはほとんどない、ということになりますか。

そうですね。最高裁の裁判官については国民審査制度がありますが、これが実質的に機能していないことは広く指摘されています。有効投票の半数以上が「×」印を記入して罷免すべしという意思を示した場合には罷免されるという制度ですが、これまで「×」票の割合は最高でも一五・一七％（下田武三裁判官、一九七二）で、実際に罷免に結び付いたことはありません。

そもそも国民審査が行なわれるのは就任後最初の衆議院総選挙のときと、それから一〇年経過したあとの衆議院総選挙のときと、さらに一〇年を経過したあとの……と定められているのですが（憲法七九条二項）、一方で定年が七〇歳ですから（裁判所法五〇条）、現在のようにすべての最高裁裁判官が六〇歳を過ぎてから任命されている状況だと再審査を受けるケースはほとんどありません（現在までに六件のみ、入江俊郎裁判官に対するもの（一九六三）が最後）。就任直後に判断材料も乏しい状況での審査が行なわれるのみ、ということになります。

その結果と言うべきか、国民審査の結果については「順序効果」があることが明確になっています。リストの先頭に近い裁判官ほど、「×」が多いというのですね。国民の側でも真面目に投票していないのではないかという疑いが強いところですし、少なくともこれをもって民意の支持と真面目に言うことはできない、ということになりそうです。

下級審の裁判官については、前述のとおり最高裁による名簿が内閣により追認されている状況です。いずれにしてもその基礎になっているのは能力――司法試験に合格しているとか、司法修習でも優秀な成績を収めたとか、その後の勤務成績も優れているとか――であって、国民による支持ではありません。一定の優れた能力を持った人を選ぶことが制度的にも前提されているわけですからそれで当然なのではありますが、全体として能力主義的な組織であり、民主的な正統性との距離は遠いということになるでしょう。

にもかかわらず、現在の議会の意思は民意に反していると裁判所が判断することは、可能なのでしょうか。その判断は誰のどのような資格、あるいは知識に基づいているのでしょうか。

8 裁判所の限界と制約

ここで問題にしたように、何らかの判断をするためには適切な情報を入手する必要があります。そのような観点から見た場合、裁判を担う司法府には大きな制約があることになるでしょう。

第一に、事件として訴訟の対象になった事例しか、裁判所は直接確認することができません。「二割司法」の残り八割が社会のなかでどのように解決されているか、仮にそこで形成された紛争解決の相場が何らかの不公正な要素を含んでいたとしても、当事者がそれを訴訟として持ち込んでこない限りは、裁判所が直接見ることのできるものにはならないことになるでしょう。

もちろん組織としての裁判所が見ることはできなくても、そこで働いている裁判官は日々の生活も送っている人間ですし、そこでの経験や獲得した知識を職務へと反映させてもいるでしょう。しかし逆に言えば、**ある事件に関係する情報を裁判所としては共有したことになっていたとして、個々の裁判官も共有・利用することが可能になるのだろうか**という問題が生じることにもなるでしょう。

——でもそれは、およそ具体的な人間から構成されている組織すべてに共通の問題ではないのですか？

そのとおりだと思います。だからこそ多くの組織では、組織として共有する文書やデータを整備したり、判断する人間の能力や価値観を（たとえば「組織文化」という形で）受け継いでいくためのシステムを作り上げていくのですね。ここでは、組織一般が持つそのような制約から裁判所も自由ではないということを確認するにとどめましょう。

第二は、訴訟を通じて情報が持ち込まれることの制約です。民事裁判では当事者主義といって、どのような事実の存在を主張するか・それを立証するためにどのような証拠を提出するかといった事項は、原則としてすべて当事者の決断に委ねられています。裁判所の側から動いて正しい判断のために必要な情報を収集すること（職権証拠調べ）は、法律上特に定められていない限り行なうことができませんし、基本的に行なわれません。裁判所がどの程度質の高い情報に基づいて判断できるかは、関係する訴訟当事者の能力や努力に完全に依存してしまう、というわけです。

刑事事件でも問題の性格が大きく変わるわけではありません。警察・検察が自らに不利な証拠を隠すとか、少なくともその存在を被告人・弁護側に開示しないことがあるし、誤判や冤罪の原因になっているという批判は、しばしば見られます。ここでも**裁判所の判断は当事者が出す情報・出せる情報に大きく規定されている**と考えることができるでしょう。

第三はそのために、入手可能な情報の範囲や射程に限界が生じてくるだろうという問題です。両当事者が勝つことを目的として自らの負担で訴訟活動を行なっている典型的なパターンを考えれば、目下の訴訟の争点やそこでの有利不利に無関係なことまで調査して可能な限り客観的で精度の高い情報を集めてくるとは期待できないでしょう。**争点について自分の側が有利と判断されるのに十分な最低限の情報を、可能な限り低コストに収集したものが証拠として法廷に出されるとすれば、それを基礎にした判断の信頼性にも疑問が出てくる**ことになります。

もちろん実際には、最後の判決までたどり着いてみないと全体的な勝敗・個々の争点での有利不利はわからないというのが裁判の仕組みですから、合理的な当事者であればそこから生じる不確実性に対処するために、本当の最小限に対して十分余裕を持った努力を試みるでしょう。それでも、純粋に学術的な観点から高い品質のデータを集めようとする大規模な社会調査や、政府・企業などの大組織が自らの利害を守るために必要なコストとして行なう情報収集と比較したとき、十分に対抗できるようなものと考えることはできるでしょうか。

9　ディパートメンタリズム

このように考えていくと、結局のところ個々の訴訟において裁判所が入手できるのは限られた範囲の・あまり高くない品質で・当事者の利害による影響を受けた情報に限られる、ということになるかもしれません。そのとき、にもかかわらず司法府の判断の方がより正しいと期待する根拠は、何なのでしょうか。

アメリカではこのような観点から、司法府による憲法判断などはむしろ抑制されるべきだという主張もかなり有力に展開されるようになっています。もともとアメリカの場合、人民の手によってイギリスからの独立が達成され連邦憲法が作り上げられたという理解から、憲法制定者（Framers）――典型的にはジョージ・ワシントン（初代大統領）やトマス・ジェファーソン（第三代大統領）のような有名どころの政治家に加えて、連邦政府の創設を擁護した理論家アレグザンダー・ハミルトン（初代財務長官）やジェームズ・マディソン（第四代大統領）、ジョン・ジェイ（初代連邦最高裁長官）など――が広い尊敬を集めており、憲法についても彼ら制定者の意図に基づいて解釈すべきだという「原意主義」（originalism）が有力な立場として存在しています。この観点からは、すでに紹介したウォーレン・コート（第2章2）のように司法府が時代の要請に応えて積極的な解釈を展開することは望ましくないと評価されることになるでしょう。

これに対して近年勢力を伸ばしているのは「ポピュリスト立憲主義」と呼ばれる立場で、**人民自身が憲法解釈を不断に行なって政治のあり方を選択しているからこそ現在の政権や議会構成、それによって作り出される法律へと結び付いている**のであり、それに対して司法府が干渉することは避けるべきだとするものです。

司法府による積極的な憲法解釈を求める人々はしばしば、国民は憲法的な事項についてよく理解していないかあまり関心がないのであり、だからこそ彼らの気付かないうちに政治家たちが憲法に反するような立法をしてしまうのだという理解に立っています。だからこそ法律家が人民の代わりに・人民のために人権や正義を守るべきだ、というわけですね。いま述べた原意主義も、憲法の意味は憲法制定者の時代にすでに形作られているのであり、現在の人民とはあまり関係がないとする点では、このような理解と共通しています。ポピュリスト立憲主義はこれら双方を批判して、いまを生きる我ら人民こそが憲法の最終的な判断者だと主張しているわけですね。

このように、司法には司法の役割があり、それを超えて過度に積極的な姿勢を示すべきではない、特に立法府の決断やそこに示されている人民の判断を尊重すべきだという考え方を一般的に、ディパートメンタリズム（departmentalism）と呼びます。立法・司法・行政という政府内のそれぞれの「府」（department）のあり方を尊重しよう、ということですね。

そこでは、それぞれの政治家の関心に沿った幅広く制約のない情報収集に支えられ、**民意の支持を受けた立法府による判断こそがより深いもの・正当性のあるものと位置付けられます**。すると、司法府が立法府の判断を否定したり、自らの判断によって上書きしようとすることには抑制的であ

るべきだという主張に結び付くのですね。「司法消極主義」という表現においては批判の対象となっていた裁判所の謙抑性は、むしろ望ましい配慮だということになります。

10　日米の同じところ、違うところ

――しかし、憲法制定者が尊敬されているとか、国民が直接に憲法的な事項に関心を抱いているというのは、アメリカ特有の事情かもしれません。日本から見たときにそれらの議論にはどの程度の正当性があるのでしょうか。

いくつかの点で注意が必要なのは間違いありません。まず情報の量や質の面で言えば、裁判所が利用できる範囲が限られているというのは日本でも同様でしょう。しかし、アメリカでは個々の上院議員が五十人程度のスタッフを抱えて強力な調査・立案能力を持ち、政策形成にも積極的な役割を果たしているとされているのに対し、日本の国会議員が公費で雇用することのできる秘書は三人に限られています。もちろんそれ以外に私費で雇用しているスタッフもいるわけですが、他方で公設秘書三人のうち本来は「議員の政策立案及び立法活動を補佐する」（国会法（昭和二二年法律七九号）一三二条二項）ことを期待されている政策秘書（一人）も、実態としては選挙運動を含めた政治活動に重点を置いていると評価されています。立法府による情報収集や政策形成が全体的に活発だとは、言いにくいかもしれませんね。

その一方、ここで問題とされているように調査・政策形成から立法へと結び付ける活動は、日本の場合、ほぼ行政府によって行なわれているという指摘もできるでしょう。もちろん法案を法律にすることができるのは国会だけですが、元となる法案の約三分の二は内閣から提出されたものであり、実際にはそれぞれの所管官庁によって作られているという傾向が、戦後長らく続いていました。さらに言えばそういった内閣提出法案の方がいわゆる議員立法よりはるかに高い割合で成立していますから、成立した法律全体で見ると約九割が「霞が関原産」だという状況になっています。情報格差を司法府の立法府に対する謙譲の理由にできるかには疑問がありますが、議院内閣制の下で結び付いた立法府＝行政府に対して一歩譲るべき理由にはなるかもしれません。

もう一つのポイントは、民主的正統性です。アメリカの場合、連邦の基本的な裁判所（最高裁・控訴裁・地裁）の裁判官は大統領によって指名され、上院で承認される必要があります。特に最高裁判事の指名・承認プロセスは社会的にもかなりの注目を集め、新聞・テレビで連日話題になるのが普通です。逆に言えば、そこで人民自身とその代表者である上院議員たちに認められたからこそ裁判官としての地位に立つことができているわけで、民主的にも一定の支持を受けていると評価することができるでしょう。にもかかわらず人民自身や彼らに直接選ばれた議員たちと比較すれば非民主的である、というのが原意主義やポピュリスト立憲主義の基礎にある考え方なのですね。

これに比べると**日本の裁判官がごく弱い民主的正統性しか持たない**ことは、認めざるを得ないでしょう。さきほど指摘したとおり、その選抜も評価も能力主義的に、プロである裁判官の手によって行なわれています。たとえば知的能力の評価としては十分な信頼に値すると思いますが、民意のサポートとは無縁ですね。実際、**法学部の教室で尋ねても、最高裁裁判官の名前が誰ひとり挙がらないという状況は珍しくありません。**そのくらい人々の日常生活からは遠い存在だということは間違いないのではないでしょうか。

アメリカにおいてさえディパートメンタリズムが有力に主張されるとしたら、日本においてはより強い根拠を持つことになるのではないかというわけです。

11　二つの「間違い」

さらに言えば、**立法府と司法府が扱う問題の基本的な性格については、日本でもアメリカでも変わりありません。**中古ゲーム販売訴訟に関連して扱ったことですが〔第2章13〕、ある判断を「暴走」とか「間違い」と呼ぶとき、その意味には大きく二つの異なるものがあることに注意するべきでしょう。

第一は、事実に関する認識と、それに基づく**結果予測の誤り**です。患者の症状を見た医師が、かくかくの病気なのでしかじかの治療法によって余命を延ばすことができると予測したとしましょう。だが実はまったく別の病気であったとか、選択した治療法には延命効果がなかったというのがこのタイプに属する問題です。

これに対して第二は、選択の結果に対する**価値判断の誤り**です。医師は患者の余命を延ばすために治療法を選択し、実際に患者の生存期間は最長になったとしましょう（第一のタイプの誤りはなかったことになります)。しかしその治療を受けるために患者は長期間入院し、かなりの苦痛に耐えなければならなかったところ、実はその患者にとって重要なのは家族と残された時間を過ごすことだったとすればどうでしょう。

——余命がより短くなっても自宅で過ごせる期間・穏やかな日常を過ごせる期間の長い治療法の方が患者にとって望ましかったということは、十分考えられますよね。

そうですね。それぞれの治療法がどのような帰結をもたらすかを患者自身があらかじめ十分に理解していたとすれば、彼の選択は医師のものと一致しなかったでしょう。だからこれも「間違い」だと、とりあえずは考えることができます。

ここで問題は、第二のタイプの「間違い」を指摘できるのは基本的に患者本人に限られるということでしょう。とにかく生きていることと、苦痛なく生きていることのどちらがより望ましいかについて、万人が納得する普遍的な解答など存在しません。価値の選択に関わる問題の正しさは、「何が正しいか」という基準自体に依存しているからです。

これに対して第一のタイプの「間違い」を指摘できるのは、同じ水準で事実に関する予測を行なうことのできる専門家だけです。ある治療法に延命効果があるのかないのか、太陽が東から昇るのか西から出るのかといったことを、人民に対するアンケートや多数決で決めるのはナンセンスです(映画『マンダレイ』(ラース・フォン・トリアー監督、二〇〇五)に出てきた、多数決で標準時を決めるエピソードを想起してください）。「間違い」のあり方が異なるからこそ、それに備える方法も違わなくてはならないということになるのではないでしょうか。

12　最善の判断と、最終の判断

法哲学者の若松良樹は、この問題を**「最善の判断」と「最終の判断」の違い**として説明しています（「ミルにおける自由と効用」若松良樹（編）『功利主義の逆襲』（ナカニシヤ出版、二〇一七）第六章）。ジョン・スチュアート・ミルが「他者危害原理」、すなわち国家が個人の自由を制限し得るのは他者に対する危害が生じる場合に限られるという原則を提唱したとき（『自由論』（一八五九））、その理由は一般的に、**個々人こそが自己の利害に関する最善の判断者だから**だと理解されてきました。つまり何が自分にとっての幸福であり、自分が何を望んでいるのかをもっともよく知っているのはその当人なのだから、本人の判断に任せれば本人にとって最大の利益が実現することになる。それぞれの個人が自己の利益に最大限配慮した結果として、社会全体も最善の状態にいたると考えるわけですね。

しかし若松先生は、このような通説的理解に疑念を呈しています。実際、何が自分にとって最善の選択肢かを判断し損ねることは、大人・子供を問わずよくあるでしょう。

——飲まなきゃよかったと後悔する翌朝とか、食べてしまってから後悔するスイーツという話でしょうか。

はい。実はこの点に関するミル自身の立場もはっきりしません。一方では、各人が各人にとって「最善」の判断を行なうと考えているように見えます。ただし、それは十分な判断能力のある大人に限った話だと注意することで、判断能力の不十分な人（典型的には未成年者や成年被後見人）に対するパターナリズム、本人の利益を守るために本人の意思を無視する介入の可能性は残すわけです。しかし他方では、大人の話をしているはずなのに選択結果が当人の幸福にならない場合があることも指摘しています。酒を飲み過ぎて体を壊すというのが典型例ですね。

しかしここで一貫しているのは、それが「最終」だということではないかと、若松先生は指摘するわけです。飲み過ぎて死ぬ人生も、酒が好きで好きで仕方ないという人種にとっては幸福かもしれません。ある判断が「最善」であるというためには一定の良否の基準・尺度が必要となるのですが、神さまの決めた尺度が絶対的・普遍的であってそれを共有しない相手は敵であり、排除するのだというような姿勢を取らないのであれば、「何がいいことか」という価値に関する問いを抜きにして「最善の判断」を決めてしまうことはできません。そして普遍的な解答がないからこそ、本人が選んだ尺度を「最終の判断」として受け入れなければならない。それがミルの真意だったのではないかというわけですね。

13　「間違い」と安全装置

重要なのは、ここで出てきた「最善」と「最終」の違いが、専門家の「間違い」の二つのタイプに対応していることだと思います。政治的な意思決定の対象は人民全体の利害ですから、いまの理屈で言えば人民自身の判断が「最終」のものとなるべきだし、それをとらえ損ねた専門家の判断こそ「誤り」とされるべきでしょう。しかしそのことは人民の判断が「最善」であることを保証しません。一定の尺度が決まったときに何が「最善」かを判断するためには専門的な事実予測の能力が必要ですし、それを批判したり評価したりできるのも専門家だけです。

専門家の「間違い」の二つのタイプに合わせてそれを乗り越える仕組みを作るとともに、互いが互いに押し入らないための障壁を作ることも必要になってくるでしょう。三権分立のように決定を分散させるシステムは、このようにさまざまな主体が犯すだろう「間違い」の及ぶ範囲を限定し、抑制する仕組みとして考えられるべきだし、必要であればそのために改善されなくてはなりません。このような観点に立てば、**専門家によって「最善」の判断を追求するために能力主義的な選抜・運営が行なわれる司法府と、人民の代表によって「最終」の判断が示される立法府がそれぞれを尊重し、押し入らないことが望ましい**ということになるのではないでしょうか。

――しかし、それがあまりうまく機能してこなかったという感覚があるのではないでしょうか。

特に、立法府が機能不全だからという理由付けは、裁判所により積極的な役割を期待する人々から多く聞かれるようです。

一方で、たしかにそうなのだと思います。しかし、そのような感覚の根拠がどのくらい確実なものなのか、これまで考えてきたところでしたね。「立法はピラミッドのように動かない」というのはすでに過去の話ですし、利害関係だけで動くので少数者の人権保障がなおざりになるというのも、単純すぎる理解でした。にもかかわらず古い感覚のままで政治をとらえているのではないか、という批判はあり得るところでしょう。

もう一つ、仮に立法府の機能不全が事実だとして、だから司法府にその本来の範囲を超えて動作することを期待することが正しいかどうか。たとえばチェーンソーの刃がさび付いてうまく木が切れなくなったときに、エンジンの回転を増やしてそれを補うというような対応をするでしょうか。

――エンジンにも負荷がかかって故障しそうですよね。

本来割り振られた役割と、それに相応する資源（人手や予算）しかない状況で無理な動作をさせれば、そういうことになってしまうのではないでしょうか。いまの例で言えば刃を交換するとか手入れしてさびを落とすという対応が正しいわけで、つまり立法府自体の構造や機能を改善するという考え方は理解できます。これに対してエンジンにがんばってもらう、そのための障害になるなら回転数を制限している安全装置を外してしまうというのは、典型的な労働事故の発生パターンですね。

14　「銀の弾丸」を望むべきか

もちろん、ある程度の暴走が生じようが、それによってちょっとやそっとの犠牲が生じようが、何も決まらず何も変わらない（ように見える）退屈な状況が続いてだらだらと出血し続けるよりはいいのだという意見はあるかもしれません。それも個人の信念としては否定できないと思います。私個人としてはこういった主張をするご本人が「ちょっとやそっとの犠牲」に供されないことを祈るだけですが、「犠牲に供される危険」を他者に強いることは許されないと考えます。また、暴走の結果として政治体制自体がいじられてしまえば（ちょうどヒトラーが全権委任法によって憲法も議会も破壊してしまったように）、人民自身が後悔しても戻る道が封じられてしまうことになることを、忘れるべきではないでしょう。

その危険性を真剣に受け止めるなら、**どれだけ退屈で迂遠に見えたとしても、誰もが暴走できないように作られたシステムの内部で地道な変革を積み重ねることによって全体を少しずつ動かしていくしかない**ということになるのではないでしょうか。民主政に「狼男を倒す銀の弾丸はない」（フレデリック・P・ブルックスJr（滝沢徹・牧野祐子・富澤昇（訳））『人月の神話〔新装版〕』（丸善出版、二〇一四））、あるいはあってはならないのです。

おわりに　正義とは正しさではない

裁判は正義の実現手段ではないという、おそらくは多くの人々にとって刺激的に聞こえるだろう論点をめぐって、我が国の裁判制度や立法・行政のような他の制度との関係について見てきた。しかしここで、あらためてタネ明かしをしなくてはならないだろう——そもそも「正義」とは何なのだろうか？

順に説明していこう。そもそも「裁判は正義の実現手段か」と問うときの正義という言葉は、何か客観的に正しい行為や、その結果として生じる状態のことを意味しているだろう。そしてそれは、個々の社会問題やトラブルとの関係で、**その状況における正しさ**として、想定されているはずだ。たとえば我々の日常的な言葉の使い方として正義の味方と言えば、典型的には腐敗した権力機構や警察などの社会機構に対抗・抵抗することを通じて社会のあるべき状態を実現する存在を想定しているのではないだろうか。水戸黄門は全国をめぐりながら、遭遇する個々の事件で「悪人」を退治し、問題の解決をもたらしていくのである。

たとえば法によっては裁けぬ悪党に復讐の刃を下すとか、不当に虐げられている人々を救済することが正義の味方の役割であると、多くの小説やドラマでは描かれてきたように思われる。だが実のところ、典型的には筆者が専門とする法哲学のように、現代の哲学的分析において正義という言葉が用いられるときに意味されているものは、このような日常的理解とは大きく異なっているのだ。

一九七一年、アメリカの哲学者ジョン・ロールズが公刊して世界的な論争の対象となった『正義論』(*A Theory of Justice*)という著作がある(改訂版(一九九九)の邦訳として、川本隆史・福間聡・神島祐子(訳)『正義論〔改訂版〕』(紀伊國屋書店、二〇一〇))。現代の法哲学・政治哲学をめぐる論争の基礎を作った記念碑的な業績であり、たとえば「ハーバード白熱教室」のマイケル・サンデルが、その共同体論によって反発・対抗しようとしたのも、ロールズ正義論だった(たとえば鬼澤忍(訳)『これからの「正義」の話をしよう〔ハヤカワ・ノンフィクション文庫〕』(早川書房、二〇一一))。しかしそこでロールズが問題にしようとした正義とは「社会制度にとって第一の徳」、何よりも実現されなくてはならない価値のことであったことに、注意しなくてはならない。議論の対象になっているのは枠組みとしての制度全体・社会全体のあり方であり、個々の事例における正しさではなかったのである。

また同時に、ロールズが「善に対する正義の優越」というモティーフを掲げていることも重要だろう。そもそも「裁けぬ悪党」が悪であるとか「虐げられた人々」が救われるべき存在であると、誰が決めたのだろうか。もちろん正義の味方には彼独自の善悪に関する基準や考え方があり、それに基づいて一定の結論にいたったのだろう。だがそのような基準が普遍的だとか客観的に正しいとする根拠はあるだろうか。むしろ現実には、正義の味方の言い分にも一定の正当性はあり、社会的な承認も得られるだろうが、彼に対抗していたり結果的には滅ぼされてしまう悪役の側にもそれなりの正当性や理念があることの方が一般的ではないだろうか。

むしろ、ここで想定されているような善い生や正しい社会のあり方に関するものを善（good）や正（right）に関する理念と位置付け、多様な善や正に関する構想を抱いている人々が同じ社会のなかに共存しているのが現代社会の一般的な状況だと考えた方が良い。そのうえで、彼らが平和的に共存し、さらに可能ならば相互の利益を実現するための協働関係を築くために必要となるような条件を探るというのがロールズのプロジェクトであった。それを示すような社会の基本的理念こそロールズにとっての正義、特に彼が公正としての正義と呼んだものだった（その成否に関する評価は分かれているが、ここでは触れない。詳細については「正義」瀧川裕英他『法哲学』（有斐閣、二〇一四）第二章〔大屋執筆部分〕などを参照）。ここで正義は、すでに指摘したように個々人の人生や行為が持ち得る価値ではなく、むしろ多様な人々の共存を許すような社会の価値・社会の基本的な諸制度のあり方として理解されているのである。

「裁判は正義の実現手段ではない」という言明も正しくは、裁判は特定の人の特定の価値観・善の構想の実現手段ではないと言うべきだっただろう。私を含めた特定の誰かの信じる正しさを実現するためではなく、そのような主張が相互に矛盾・対立する場合の調整手段、問題を解決し共存を再び可能にする制度こそ、裁判なのである。

だから、本人にとってはどれだけシリアスでまごうことなき真実のように思われるものであっても、誰かの正義に裁判が安易に同調することはあり得ない。むしろ多様な人々が共存する現状を前提とするならば、特定の誰かの意見が他の人々の同意や承認を得て社会的な真実や我々の正義に成長するには相当の手間や時間が必要になるはずだ、と考えるべきではないだろうか。そもそも人々は異なる存在として異なるモノの見方をしており、異なる意見を抱えてこの社会に生きているのだ。その人々を粘り強く説得し、多数派として構成していくということが政治だと考えたとき、そこで自らの意見を貫き通すのが容易ではないことは言うまでもない。

だが裁判も、そこに関与するさまざまな人を説得することによってしか勝利を得ることのできない制度だという点で変わりはない。いやむしろ国家の強制力と結び付いており、相手の立場や利害関係にかかわらず一定の結論を押し付ける力を持っているという意味で、より慎重に運用されるべき制度だと考えるべきかもしれない。にもかかわらず、それがこの私の正義を実現してくれる制度だという期待を抱き、行政・立法を含めた社会的意思決定を動かすという苦労の多いプロセスをかいくぐるための、あるいはバイパスするための制度であるかのように考えることは完全に誤りであると、そろそろ言い切るべきではないだろうか。政治が動かすことのできない制約の内部にあるとか、ピラミッドのように動かざる存在であったような状況は、すでに過去のものだろう。主権者たる我々自身が、我々の手で政治を動かすことによってこの国のかたちを決めていくのだという民主政の基本的理念を、再び思い出すべきではないだろうか。

正義の味方など、もはやどこにもいない——「我々は、すべりやすい氷の上に迷い出ている。そこには摩擦がなく、ある意味で条件は理想的なのだが、それによって同時に我々は歩くこともできなくなっている。我々は歩き出したい。そのためには摩擦が必要だ。ザラザラした大地に戻れ！」（ルードヴィヒ・ヴィトゲンシュタイン「哲学探究」（一九五三）一〇七節。訳はLudwig Wittgenstein, *Philosophical Investigations* (Revised 4th ed. by P. M. S. Hacker and Joachim Schulte, Willey-Blackwell, 2009) に基づき、独自に作成した。）

河出ブックス 109
裁判《さいばん》の原点《げんてん》 社会《しゃかい》を動《うご》かす法学入門《ほうがくにゅうもん》

2018年1月20日 初版印刷
2018年1月30日 初版発行

著者――大屋雄裕《おおやたけひろ》
発行者――小野寺優
発行所――株式会社河出書房新社
〒151-0051 東京都渋谷区千駄ヶ谷2-32-2
電話03-3404-8611(編集)/03-3404-1201(営業)
http://www.kawade.co.jp/
装丁・本文設計――天野誠(magic beans)
組版――株式会社キャップス
印刷・製本――中央精版印刷株式会社

Printed in Japan ISBN978-4-309-62509-6

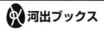